培训师资源库系列丛书

201 ICEBREAKERS:
GROUP MIXERS, WARM-UPS, ENERGIZERS, AND PLAYFUL ACTIVITIES

201种破冰方法：
促进融合、活跃气氛与热身的有趣活动

（下册）（修订本）

（美）伊迪·韦斯特（Edie West）著
王美芳　傅　瑶　译

電子工業出版社
Publishing House of Electronics Industry
北京·BEIJING

Edie West: 201 Icebreakers: Group Mixers, Warm-Ups, Energizers, and Playful Activities
0-07-069600-4

版权贸易合同登记号　图字：01-2012-6196

图书在版编目（CIP）数据

201 种破冰方法：促进融合、活跃气氛与热身的有趣活动：全 2 册 /（美）韦斯特（West,E.）著；王美芳，傅瑶译. —修订本. —北京：电子工业出版社，2016.6
（培训师资源库系列丛书）
书名原文：201 Icebreakers : Group Mixers, Warm-Ups, Energizers, and Playful Activities
ISBN 978-7-121-28701-5

Ⅰ. ①2… Ⅱ. ①韦… ②王… ③傅… Ⅲ. ①企业管理—组织管理学 Ⅳ. ①F272.9

中国版本图书馆 CIP 数据核字(2016)第 091936 号

责任编辑：刘淑敏
印　　刷：北京虎彩文化传播有限公司
装　　订：北京虎彩文化传播有限公司
出版发行：电子工业出版社
　　　　　北京市海淀区万寿路 173 信箱　邮编 100036
开　　本：720×1000　1/16　印张：40.25　字数：556 千字
版　　次：2013 年 8 月第 1 版
　　　　　2016 年 6 月第 2 版
印　　次：2021 年 5 月第 18 次印刷
定　　价：148.00 元（共 2 册）

凡所购买电子工业出版社图书有缺损问题，请向购买书店调换。若书店售缺，请与本社发行部联系，联系及邮购电话：（010）88254888，88258888。

质量投诉请发邮件至 zlts@phei.com.cn，盗版侵权举报请发邮件至 dbqq@phei.com.cn。

本书咨询联系方式：（010）88254199，sjb@phei.com.cn。

序

有一天我要写一本书，名叫《微笑的作用和好处》。我怀疑编撰数据就要花一生的时间，而一本书还无法装下所有的内容。

几年前，我在写作《我想成为的人和我接下来想做什么》时陷入瓶颈，一个很善于倾听的朋友问了我一个很重要的问题："你最愿意做的事是什么，你从什么当中能得到最大的满足感？"没有一刻犹豫，我回答："我想让人们微笑。"

我不是喜剧演员。我的儿子们毫不留情地反对："妈妈，放弃吧。你又把有意思的话搞乱了。"那么应该怎么带来微笑呢？并不是一个太难回答的问题。我已经在做了。创造并使用破冰活动和游戏——那些提升舒适度的活动；提倡公开自我理解，并促进对他人的欣赏和同情的活动；同时，让人们走出过去，迅速进入当前状态；在想法上加上新奇的标签；提升创造性思维；并且去除那些容易使人们受到伤害的冒犯性障碍——因此让大家由内而外地微笑。我给大家举一个例子。几年前有 6 个旅行者和我计划乘航班飞往奥尔巴尼，但因天气恶劣航班延迟 4 小时后被取消。我们只能乘坐货车在冰雹雨雪天气中行驶大约 200 英里到达目的地。晚上 11 点钟我们坐上了货车。

在听同伴乘客抱怨了 30 分钟左右后，我冒了一个险。我大胆地告诉他们我们没有理由不从此刻开始就享受这次旅程，尽管过去的几个小时满是苦难。然后我宣布要带大家做几项活动（破冰活动）以便大家互相认识，在到达目的地之前度过比较美好的时光。

只有陌生人之间才会展示出那天晚上大家所表现出的耐心和礼貌。介绍完我将要开展的游戏后，我在人群中寻找支持性的点头和话语以为我能接着介绍一个简单的记住别人姓名的游戏提供勇气。坐在我对面的人首先给出了热情的回应，我将之归功于他们的年轻；坐在中间的 3 个男性勉强答应尝试第一个游戏。我们（我已经得到了支持）邀请坐在司机旁边的那个人来参加"请自便"游戏。他没有理我和另外两名旅客。

但是我继续进行。"第一个破冰活动，"我宣布，"我相信大家非常熟悉，先由一个人开始自我介绍，然后接下来的人重复前一个人的名字，再加上自己的名字。用这种方法我们很容易记住大家的名字。"

第一个人坐在我的左后方，说出他的名字然后传给我。我重复他的名字，然后加上自己的名字。我右边的人重复了第一个人的名字，我的名字再加上他自己的名字。然后传到了中间排座位的人，他们又轮流按刚才的模式接了下去。有时候人们忘了就得再开始一次。

到目前为止，坐在中间排的人已经被调动起来并开始享受我们后面3个人的陪伴，我们都在微笑。在第二排完成后，所有人都自发地参与起来。从司机旁边的座位开始，大家按顺序正确且热情地大声重复着我们的名字。我们都很快乐，很快我就进行了下一个破冰活动。

在我们5小时后到达奥尔巴尼时，所有人都认为路程比想象的短得多。我们交换了名片，其中一些人一直都保持联系。

本书提供的破冰活动也可以在如下场合或时间使用：

- 聚会
- 婚礼
- 排长队
- 运动比赛
- 营销活动
- 午餐餐厅
- 销售会议
- 演示
- 培训课程
- 读书会
- 网上会话
- 教堂/犹太教会服务
- 年轻团体集会
- 徒步旅行和自行车旅行
- 午餐和晚餐
- 睡觉时间
- 新娘/婴儿欢迎会

致谢

非常感谢麦格劳–希尔的编辑理查德·那拉摩尔，他不仅让我将破冰想法收集成书给大家使用，还一直非常耐心地帮助我直到整本书制作完成。

感谢内部编辑兼活动列表设计师卡罗尔·安·特纳，她想出了很多好的点子，非常热情并一直微笑鼓励。

感谢我的儿子兼得力的电脑专家荣恩·格林，整个过程他一直陪伴在侧，在法学院的期末考试阶段还抽出时间来帮忙整理一些零碎想法。

感谢我的丈夫格莱恩，他鼓励我写作，专注地倾听进展报告，并且在很多场合与我一起想点子（他已经为我的下一本书想出了至少6个点子。）

感谢很多为我提供想法和鼓励的朋友和家人。

但最重要的是，感谢我的父母，是他们带着爱让我学会如何去玩。

伊迪·韦斯特

前言

在我向可能用到活动的人介绍游戏部分时，我用下面的话开始整个项目："大家将要做一些游戏，其中一些对你来说非常有用，另一些你需要根据自己的特殊需要进行调整，还有一些你都不愿意承认玩过。"

这本书也是这样。用你认为合适的方法自由地使用、调整或放弃。如果你有一些改编、提示或新的破冰活动要分享，请发给我：

Edie West

8327 Southern Oaks Court

Lorton, Virginia 22079

传真：703-690-9378

电子邮箱：ediewest@aol.com

我们将本书按照我们认为可以帮助你针对特殊用途进行选择的方式做了划分。你可以在目录中找到这些类别。但是因为每个活动都可能适合多个类别，我们将用做多个用途的建议做了一个矩阵表。此外，我们确信你会有自己的方法来进行划分。

每个破冰活动都以同样的方式进行介绍：

- 题目
- 目的：建议用处
- 小组人数：能够进行活动的人数
- 体力活动等级：实际体力消耗
- 道具：需要的材料、设备和供给
- 总结段落：可能对你有帮助的其他想法
- 说明：领导者使用的分步骤说明
- 活动变化：用来调整破冰活动
- 提示：为领导者准备
- 备注：用于想法和观察结果

在每页的小字部分都有一个只为你准备的说明。在为参与者介绍破冰活动时自主使用这部分中的一些或全部内容。

很多破冰活动需要为你准备额外信息，为参与者准备列表或卡片。大多数情况下，你可以在活动后面的一页找到活动中需要的东西。可以复印，剪下，或用任何你喜欢的方式来使用。

既然已经有了破冰活动的内容，那么唯一缺乏的就是你——你的领导力，你的热情，你精彩的娱乐感。记住，如果你微笑，其他人也会微笑！

活动用途表

为你的小组选择最合适的破冰活动！

	调剂冗长、枯燥的发言	大组专用活动	非破冰类型	结束活动	了解你	更了解你	分组	引入话题	会议开始节目	精神有氧操	户外活动	热身活动	纯粹娱乐	自我表露	队伍建设	平静一下/放松
调剂冗长、枯燥的发言																
字母游戏	●			●								●				
年鉴	●					●							●		●	
涂鸦游戏	●			●		●										
“搅局”活动	●		●						●			●	●			
酒足饭饱	●		●	●				●	●	●						
开始同步	●										●	●	●		●	
民意测验	●				●	●						●				
抽签	●											●				
混合游戏	●					●								●	●	
贿赂	●							●							●	
特性	●				●								●			
解雇通知书	●											●				
小型铁人三项	●											●				
拼凑游戏	●		●					●		●			●		●	
主题工作	●									●					●	
你说了！	●							●	●			●				
大组专用活动																
在集市		●										●			●	

	调剂冗长、枯燥的发言	大组专用活动	非破冰类型	结束活动	了解你	更了解你	分组	引入话题	会议开始节目	精神有氧操	户外活动	热身活动	纯粹娱乐	自我表露	队伍建设	平静一下/放松
挤住气球		●			●						●	●	●		●	
碰碰车		●			●							●	●			
创意祝贺		●			●							●	●			
找到同伴		●			●							●				
了解内幕		●			●	●						●				
好运动		●					●				●	●	●			
生日快乐		●			●		●						●			
忘性有多大		●			●							●				
行军装备		●										●	●		●	
疯狂摩托车		●		●						●		●	●		●	
八爪鱼		●			●							●	●		●	
四面八方		●			●							●				
握起来		●			●		●					●				
重大事件		●			●	●						●		●		
误入歧途		●		●		●						●				
与同伴共舞		●			●							●				
多米诺效应		●						●			●	●	●		●	
卡祖笛游行		●		●			●								●	
排排站	●	●				●					●	●			●	
眨眼睛		●			●							●	●			
非破冰类型																
自相矛盾的说法			●					●		●						
极端化			●			●			●						●	

	调剂冗长、枯燥的发言	大组专用活动	非破冰类型	结束活动	了解你	更了解你	分组	引入话题	会议开始节目	精神有氧操	户外活动	热身活动	纯粹娱乐	自我表露	队伍建设	平静一下/放松
好消息、坏消息			●	●				●	●						●	
潮流风向标			●	●				●					●			
缺少的环节		●	●		●							●				
乐器游戏		●	●		●	●		●							●	
道路标志	●		●					●	●	●						
井字游戏	●		●	●				●		●					●	
车如其人			●		●	●										
连你自己都想不到，你是个诗人			●	●		●		●		●				●	●	
结束活动																
Alice 选集			●	●				●		●			●		●	
到达和起飞			●	●				●	●							
在你所在之地开花				●												
“打”牌				●				●				●	●		●	
如果我有一把锤子			●	●				●								
叶子交给我				●											●	
留下提示			●	●												
新！改进！				●				●					●			
馅饼				●				●							●	
问题和答案	●		●	●				●		●						
打造团队		●	●	●									●		●	
星星光，星星亮				●					●						●	
天鹅之歌				●								●	●		●	
我的祖国		●		●	●	●		●							●	

	调剂冗长、枯燥的发言	大组专用活动	非破冰类型	结束活动	了解你	更了解你	分组	引入话题	会议开始节目	精神有氧操	户外活动	热身活动	纯粹娱乐	自我表露	队伍建设	平静一下/放松
基督教青年会		●		●				●			●	●	●		●	
了解你																
头韵联盟					●					●						
黏结气球					●	●						●	●		●	
我们的生活					●	●								●		
最喜欢的事情					●	●										
四张同点	●				●	●										
钓“鱼”					●											
玩偶匣					●	●						●				
无所不知					●											
得到想要的分数					●			●				●	●			
命名团队					●	●			●						●	
征友广告					●			●							●	
随身包包突击检查					●	●							●		●	
勾选游戏	●				●							●				
共享软件		●			●	●								●	●	
姓名游戏					●					●						
时间舱					●	●								●	●	
两人才能跳探戈					●		●									
自选车牌			●		●	●							●			
侦探片	●				●	●						●				
更了解你																
新星诞生						●									●	

	调剂冗长、枯燥的发言	大组专用活动	非破冰类型	结束活动	了解你	更了解你	分组	引入话题	会议开始节目	精神有氧操	户外活动	热身活动	纯粹娱乐	自我表露	队伍建设	平静一下/放松
联想					•	•							•	•		
行李提取					•	•										
与生俱来的权利						•	•					•				
雪花游戏		•			•	•		•				•			•	
代沟						•	•	•								
嘿，你好哇?		•			•	•						•				
如果你能……	•					•		•				•	•		•	
让欢乐时光继续					•	•						•			•	
人生的小提箱			•		•	•							•			
本我、自我和超我					•	•								•	•	
与我最相似					•	•							•	•		
我的偶像					•	•									•	
列表笔记	•					•										
泡菜桶				•		•									•	
快速引用				•		•		•						•		
冰箱磁贴					•	•										
角色互换						•		•							•	
塑形					•	•								•	•	
周游世界					•	•		•				•				
最棒的自己					•	•								•	•	
停车场					•	•								•	•	
文字游戏						•		•					•	•	•	

	调剂冗长、枯燥的发言	大组专用活动	非破冰类型	结束活动	了解你	更了解你	分组	引入话题	会议开始节目	精神有氧操	户外活动	热身活动	纯粹娱乐	自我表露	队伍建设	平静一下/放松
分组																
犬齿类动物							•					•				
不义之财					•		•									
坚果游戏		•			•	•	•									
相由心生					•		•						•			
恐慌俱乐部					•	•	•	•					•		•	
街党							•	•		•					•	
北斗星							•					•			•	
交通噪声							•					•				
打乱水果篮子					•		•					•	•			
引入话题																
影视大片				•				•	•							
接球								•				•				
建设性反馈								•							•	
人物塑造						•		•							•	
烈性犬								•								
悲观								•	•							
50 种方法				•				•					•			
统筹规划				•				•						•		
事务繁忙				•				•								
读者来信						•		•								
积极的思维方式								•	•							
橙子字谜			•	•				•		•		•			•	

	调剂冗长、枯燥的发言	大组专用活动	非破冰类型	结束活动	了解你	更了解你	分组	引入话题	会议开始节目	精神有氧操	户外活动	热身活动	纯粹娱乐	自我表露	队伍建设	平静一下/放松
图片不说谎								•							•	
一件一件来				•			•	•					•		•	
提问性对话					•	•		•								
团队合作的秘诀				•				•							•	
感官表达				•				•					•			
捉迷藏	•			•				•				•				
旋转理想的纱线				•				•							•	
多米诺骨牌								•					•		•	
龟兔赛跑			•					•								
游遍全城							•	•							•	
祖露感情				•				•				•	•			
会议开始节目																
自传						•		•	•							
构建日程表								•	•			•				
装罐				•				•	•							
事已至此			•			•		•	•						•	
我发现	•							•	•						•	
投掷球								•	•						•	
讲故事时间	•							•	•						•	
调音									•			•			•	
时事要闻	•								•				•		•	
精神有氧操																
波段								•		•			•		•	

	调剂冗长、枯燥的发言	大组专用活动	非破冰类型	结束活动	了解你	更了解你	分组	引入话题	会议开始节目	精神有氧操	户外活动	热身活动	纯粹娱乐	自我表露	队伍建设	平静一下/放松
观点进化	●		●			●		●		●					●	
趣味寓言							●	●		●			●			
新闻编辑										●			●			
矛盾修饰法								●		●			●			
巴甫洛夫				●				●		●		●	●		●	
恐惧症								●		●			●			
广播之城								●		●			●		●	
花语										●			●		●	
街头智慧						●		●		●			●		●	
拼字狂人								●		●		●			●	
造字游戏			●							●			●			
户外活动																
传接球							●				●	●	●		●	
沙滩聚会											●	●	●		●	
啦啦队				●							●	●	●		●	
快速推进											●	●	●			
图形游戏											●	●	●		●	
人形巨浪	●	●									●	●	●		●	
标尺		●									●	●	●		●	
热身活动																
物品替换											●	●	●		●	
双人自行车												●	●		●	
动态搭档							●					●	●		●	

	调剂冗长、枯燥的发言	大组专用活动	非破冰类型	结束活动	了解你	更了解你	分组	引入话题	会议开始节目	精神有氧操	户外活动	热身活动	纯粹娱乐	自我表露	队伍建设	平静一下/放松
健身俱乐部												●	●			
线条语言	●											●	●		●	
壁球								●				●			●	
快照											●	●			●	
游泳教学		●									●	●	●			
所在图形					●	●		●	●		●	●	●		●	
糟糕的日子	●				●							●	●			
纯粹娱乐																
清洗机													●		●	
绝妙的标题			●							●			●		●	
热气球快递												●	●		●	
呼噜声												●	●			
橡皮筋												●	●		●	
讲故事				●									●		●	
谁是布偶						●							●		●	
自我表露																
顶住压力，露齿而笑						●		●						●		
哦，我脸红了！						●		●						●		
感怀往事						●							●	●		
枕边细语						●								●		
晾衣服						●								●	●	
投射					●	●								●		
_____的事情						●								●	●	

	调剂冗长、枯燥的发言	大组专用活动	非破冰类型	结束活动	了解你	更了解你	分组	引入话题	会议开始节目	精神有氧操	户外活动	热身活动	纯粹娱乐	自我表露	队伍建设	平静一下/放松
队伍建设																
开心地过每一天						•		•				•	•		•	
纸娃娃												•	•		•	
拟人化				•				•	•				•		•	
童谣改编						•		•					•		•	
星级品质								•							•	
感恩									•						•	
警示牌				•		•		•						•	•	
同舟共济		•										•	•		•	
平静一下/放松																
能量								•								•
踮起脚尖												•				•
释放压力				•				•	•							•
旁观者清						•		•			•					•
保养维护			•	•								•				•

伊迪排名前十位最受欢迎的破冰活动

1.“与生俱来的权利”可以让参加者同情和庆祝——这是两个重要的联系经历。我记得有一组参与者给自己权利去质疑会议剩余部分的规则，因为他们是处于中间位置的孩子。那我还期盼什么呢？（上册 · 267 页）

2. 只为了幽默，“犬齿类动物”一直是我最喜欢的一个项目。（下册 · 3 页）

3.“缺少的环节”是任何场合下都适合的活动，从挨着坐在一起的 1 000 个人，到一个在一起解决问题的小团队。（上册 · 119 页）

4. 大家都特别喜欢“生日快乐”。人们常常可以发现同一天出生的人，也会给出类似这样的评论，“你是 1 月 19 日出生的？那是我妈妈的生日！’任何理由都值得庆祝。（上册 · 71 页）

5. 我喜欢“行军装备”，因为我喜欢游行！（上册 · 77 页）

6. 我最近一次用“疯狂摩托车”时，有一组变成了按摩浴缸。我领导这个活动很多年了——但第一次有变身按摩浴缸的。（上册 · 79 页）

7. 我喜欢“橙子字谜”，因为大家可能享受轻松的比赛，战略和新鲜的滚动的水果，同时重要的单词和概念可以得到强化（另外，房间里会在后来的时间里非常好闻！）。（下册 · 67 页）

8. 气球雕像将在“打造团队”里成为队伍衔接的比喻，每个人都加入到塑造中。我喜欢它的简洁和平静。（上册 · 171 页）

9.“排排站”是永远有效的轻快比赛。大家在体力上活跃起来，我非常喜欢思考让人们“排队”的新方法。（上册 · 101 页）

10. 大家在“标尺”游戏中会非常有创意：身体躺下首脚相连，或者胳膊伸出来指尖相连。看到小组的独创性释放出来总是让人赏心悦目。（下册 · 175 页）

目录

201 ICEBREAKERS

分组

犬齿类动物

目的： 分组；热身活动
小组人数： 24~60 人
体力活动等级： 高
估计时间： 3~5 分钟
道具： 向每位参与者发放一张写有 6 种犬齿类动物叫声的“犬齿类动物”活动列表

本项活动中，参与者将模仿被分配到的犬齿类动物的叫声，然后通过对其他参与者叫声的识别找到代表相同动物的参与者成为一组。本活动可以在会议进行的任何时段开展，以对参与者进行分组并使其得到体能放松。

> 最近，我和丈夫一起到新泽西看望我的母亲。突然，我母亲家的宠物狗乔迪对着刚到来的陌生人叫了起来。我丈夫好奇地听了一会儿，说：“乔迪的叫声类似于咆哮！”而这时我们的宠物狗乔丹开始发出低声的犬吠。我必须承认自己从未留意过各种宠物狗叫声的区别，但是皮特·斯佩尔肯定对这方面有过研究。他出版的一本儿童文学书籍就是专门研究宠物狗叫声区别的。不论哪个年龄层的人，都一定要拜读这位作家的作品。

说明：

1. 向每位参与者发放一张写有宠物狗叫声的列表。
2. 向参与者说明在本项活动中他们将被分为不同的小组。然后主持人要向参与者介绍各种类别宠物狗叫声的区别。各小组要对不同声音进行展示和模仿。
3. 游戏开始，指导参与者对列表上的叫声进行模仿。各位参与者要仔细聆听其他参与者的叫声，如咆哮、低声叫或狂吠，发出相似叫声的参与者即是同一小组的成员。
4. 当分组结束，让参与者以小组为单位，发出本组所指定的宠物狗叫声与其他小组进行交流。

活动变化：

可以使用其他类别的声音代替宠物狗的叫声来开展本项活动。

提示：

1. 本项活动的立足点在于区分不同犬齿类动物的叫声。主持人可以在介绍部分先进行模仿。

2. 谨慎选择使用本项活动的小组。我一般只在乐于进行游戏或自我评估较低的小组开展本项活动。

3. 注意回避将参与者指代为“狗”。

4. 如果组型不大，可以让每组模仿 4 种不同的宠物狗叫声。

“犬齿类动物”活动列表

嗥叫

高声叫

低吠

汪汪叫

咆哮

狂吠

不义之财

目的：了解你；分组；热身活动

小组人数：24 ~ 72 人

体力活动等级：高

估计时间：5 ~ 10 分钟

道具：向每位参与者发放 1 ~ 6 枚美分

本项活动中，要参与者组成 6 人小组，他们相互碰面并形成小组。可以在会议开始阶段开展本项活动，尤其适用于组内成员互不相识的情况，本项活动可以使组员以轻松愉快的方式相互了解。

经过多年的社会经验，大多数人觉得自己可以抵御诱惑，但是在面临某些情况的时候大家会掉进陷阱。比如，电子邮箱中收到这样的邮件："立即打开，与物质奖励约会。伊迪·韦斯特，你赢得了$_____的奖励。"我熟练地就能接出下句"如果你……"但是，谁又能说得准呢？也许这次真的是我人生中的一次机会……

说明：

1. 向每位参与者发放 1 ~ 6 枚美分。
2. 向参与者说明，他们将以小组的形式参与一项名为"不义之财"的活动。
3. 向参与者发出如下指令。

- 活动场地的每位参与者都会得到 1 ~ 6 枚美分。
- 本项活动的目的是让参与者依照自己所得到的美分数进行分组，最后各个小组的成员要拥有从 1 到 6 的美分数；换句话说，每组的各个成员所拥有的美分数要有 1 美分、2 美分等。本项活动可以使各位参与者轻松快速地打成一团并相互了解。
- 为了达到这个目标，参与者需要融入集体，主动与其他参与者接触，并通过说出下列口令在最短的时间内向其他参与者介绍自己拥有的美分数，同时了解其他参与者拥有的美分数额。

如果参与者所拥有的是 1 美分，可以说"用 1 美分换你的一个想法"；

如果参与者所拥有的是 2 美分，可以说"本项活动不值 2 美分"；

如果参与者所拥有的是3美分，可以说“这就像喊1、2、3那么简单”；

如果参与者所拥有的是4美分，可以说“1美分、2美分、3美分、4”；

如果参与者所拥有的是5美分，可以说“当心，别上当”；

如果参与者所拥有的是6美分，可以说“我有6美分”。

- 参与者相互碰面后，与能够建组的参与者待在一起，并继续寻找该组缺少的人员。

4. 开始活动。

5. 各个小组一旦成形，组织组员围成圆圈。让参与者进行自我介绍，并说一件与自己相关的事件，该事件要含有该参与者手中所持有的美分数。

活动变化：

可以在首轮活动结束后，让各个小组中持有相同美分数的参与者组成新的小组。

提示：

如果不方便发真正的美分，也可在卡片或纸张上写出美分的数额，但是情况允许的话，最好还是使用真正的美分。这样当活动结束时，参与者就不能说自己在本次活动中一无所获了。

备注：

坚果游戏

目的：分组；了解你；更了解你；尤其适用于人数多的小组
小组人数：10～100 人
体力活动等级：中
估计时间：5～10 分钟
道具：向每位参与者发一张坚果卡片，一组一种坚果卡片类型；选用快节奏的欢快音乐

参与者在本项活动中可以找出自己小组中最疯狂的人，并能与小组成员分享自己做过的最疯狂的事情。本项活动可以在会议进行过程中的任何时间段开展，可以有效地将参与者进行分组并达到调剂的目的。

> "玩"是一个人童年成长过程中最为重要的部分。我坚信这对成年人有着同样的重要性。在玩的过程中，人们逐渐发现真实的自己。如果非要给这种说法粉饰上一层哲学性的解释，也许，只是假设性的，人们可以通过发掘自己做过的有趣的、愤怒的或疯狂的事情更进一步地接近真实的自己，并总结出一套颇有价值的自我评估。啊哈！

说明：

1. 通过向参与者发放标有坚果的列表，将其按照 4～10 人一组为单位进行分组，并向参与者说明每当音乐开始，他们就要按照列表上标示的坚果类型进行分组。换言之，拿到标有榛子卡片的参与者就要与其他拿到同样坚果卡片类型的参与者组成小组。

2. 分组结束后，向参与者说明大家都有过"疯狂"经验，让每位参与者都分享一个自己做过的最疯狂的事情。

3. 指导参与者相互分享各自的疯狂经验，从拿到某一种坚果卡片的小组开始。

活动变化：

1. 当参与者的分享结束后，可以让每个小组评选出该组最疯狂的故事。

2. 如果所有参与者的人数不多于 16 人，可以让各小组分别讲述各自最疯狂

的故事。

提示：

1. 以各小组所持有的相同坚果名称为各个小组命名作为后续的强化活动。比如，拿到标有核桃的小组可以命名为“核桃”。

2. 可以向所讲故事最为疯狂的小组进行奖励（如一包混合坚果）。

备注：

“坚果游戏”活动列表

榛子	澳洲坚果
阿月浑子	花生
巴西果	杏仁
核桃	山核桃
榛果	腰果

相由心生

目的：分组；了解你；纯粹娱乐

小组人数：12～40 人

体力活动等级：中

估计时间：2～4 分钟

道具：每桌一张 8 英寸白皮纸卷；向每位参与者发放一些标有面部器官的图片；每桌一卷透明胶带

在本项活动中，每位参与者都会得到一张标有面部器官的图片，然后找到持有其他面部器官的参与者组成小组。本项活动可以使参与者在没有指定座位安排的前提下找到自己的组员并围坐在同一桌前。本项活动尤其适用于来自不同部门或组织的参与者使用。

> 今年我为老公买了一张《窈窕淑女》的影碟。我和他一起看了一遍（尽管他说我全程几乎都在昏昏欲睡），然后上周又和我妈妈一起看了一遍。我最喜欢的部分就是亨利·希金斯唱起那首《我渐渐熟悉你的脸》。真是相由心生。

说明：

1. 参与者入场前，在每张桌子上放一张圆形纸片。
2. 参与者入场时，向每位参与者发一张标有一种面部器官的图片。
3. 向参与者说明，他们的任务是找到与自己所持的“面部器官’能凑成一张五官完整的“脸”的桌子，然后将自己所持有的卡片用透明胶带贴在桌子上，并坐在这张桌子旁边。
4. 指导每桌参与者为各自所完成的“脸”命名。

活动变化：

1. 向每位参与者发一张标有某一种面部器官的卡片，并要求其寻找其他面部器官的卡片所有者来创建一张完整的脸——全程不许讲话。
2. 可以让持有相同面部器官的参与者组成一个新的小组，但是只能通过在活动室中游走并指向那个器官来进行沟通。

提示：

1. 如果想让来自不同部门或组织的参与者增进了解，可以向来自同一部门或组织的参与者发同一种面部器官的卡片，比如嘴，这样他们就会加入由其他部门或组织的参与者组成的小组。

2. 可以在本项活动后开展“创建一个人”的活动。

3. 将已经创建完成的脸部贴在纸张或报纸的上端，再指导各小组将身体的各部分贴上去。

“相由心生”活动列表 I

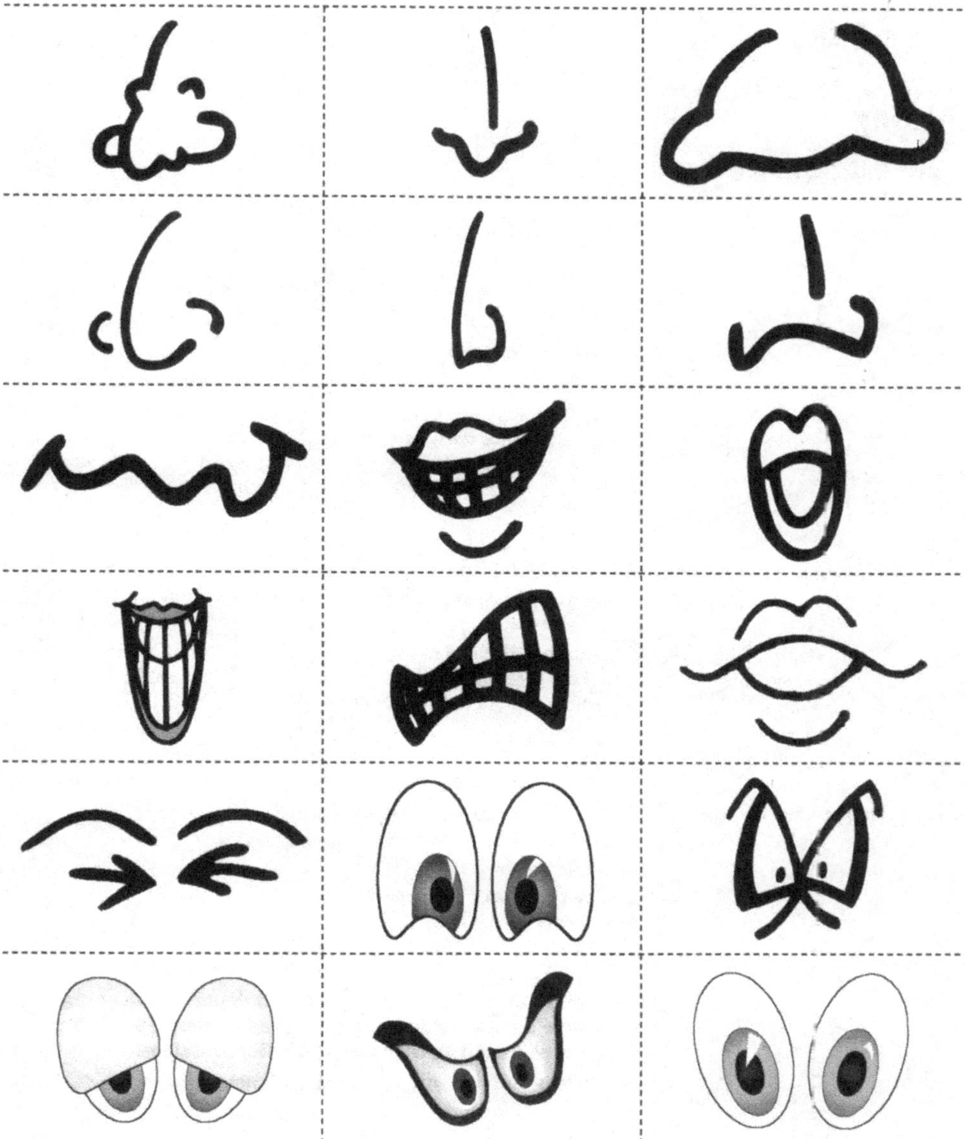

“相由心生”活动列表 II

恐慌俱乐部

目的：队伍建设；分组；了解你；更了解你；引入话题；尤其适用于人数较多的小组

小组人数：5 ~ 200 人

体力活动等级：低

估计时间：4 ~ 7 分钟

道具：向每位参与者发一张“恐慌俱乐部”活动列表

本项活动旨在让参与者通过探讨各自的不同点来增进相互的了解。本项活动适用于小组成员互不相识，或是小组成员参与活动的目的在于拓宽眼界及相互理解的情况，也可以通过本项活动导入队伍建设的介绍或使讨论话题更为多样。

> 你是否有过这样的经验，即去参加一项极为重要的活动或聚会，却发现自己完全不认识那里的人或只认识其中的一两个人？那么欢迎你加入恐慌俱乐部，在这里所有人都没有任何的共同点！我和我丈夫新婚不久，我们一起去参加一个聚会，而在那次的聚会上，我丈夫是我唯一认识的人。那天晚上我作为一个旁观者一直在观察他们的分组行为。情况如下：在工作中相互认识的人很快开始相互联系并形成一个小组；来自同一居住社区的人也马上形成了小组；而从过往类似的聚会中相识的人也很快组成了小组；只有我和另外两个人快速走到冷盘桌，焦虑地找一些话题以开始聊天。我们都是恐慌俱乐部的成员——我们相互之间互不相识、没有任何共同点。这种聊天还是能化解尴尬的，我们在冷盘桌前对眼前的浪费泛滥现象和英文名片上的尖酸印记发表了评论。

说明：

1. 按照 6 人一组为单位对参与者进行分组，让参与者自行找出另外 5 名与其卡片不同的参与者围成圆圈站好。

2. 向参与者说明，他们各自所在的小组已经组成了一个恐慌俱乐部——所有人没有任何的共同点——由其所持有的不同卡片可见。

3. 指导各小组成员想出各自与众不同的性格特点、兴趣和经历，然后轮流与组内成员分享。仅限于分享一些各自特有的性格特点或经历。

4. 每位参与者有 20 秒的时间来描述自身的独特性。

活动变化：

1. 可以结合共性开展本项活动，让参与者说出自身与组内其他成员的一种共性及一种不同点。

2. 让各小组在活页纸上列出组员的名字及独特性，然后在活动尾声进行报告。

提示：

一般情况下，可以在本项活动后开展“缺失的一环”活动。

备注：

“恐慌俱乐部”活动列表

街党

目的：分组；引入话题；精神有氧操；队伍建设；纯粹娱乐

小组人数：10～50 人

体力活动等级：中

估计时间：5～10 分钟

道具：向每位参与者发一张“街党”活动列表

本项活动中，将按照参与者所居住地区的街道名称进行分组。来自相同街区的参与者组成一个小组并定位自身的身份。本项活动可以用来对参与者分组，还可以激发他们的创造性。

> 你是否认为人们选择自己居住街区的时候是因为考虑到该街区的名称很适合自身的性格特点？是否居住在缅因街的居民有着同一种特定的性格特点？或居住在费德勒巷的居民都热爱演奏小提琴？而教堂街上的酒馆会给人一种自相矛盾的感觉？还有枫树台地区的垃圾站会给人怎样的感觉？

说明：

1. 向每位参与者发一张写有街道名称的卡片。
2. 向参与者说明，本项活动中将按照参与者所持卡片上的街道名称进行分组，创建“街党”小组。比如，所创建的小组会有“缅因街党”小组及“教堂街党”小组。
3. 指导参与者找到与自己卡片上街道名称相同的参与者，并组成一个小组，围坐在同一张桌旁。
4. 让每组成员从他们所共有的街道名称出发，尝试描述出本组成员性格特点中的一些共性，并为本组设计一个标志。
5. 各小组完成上述步骤后，让各组之间对结果进行交流。

活动变化：

1. 参与者完成分组讨论后，可以让他们根据组员的性格特点为本组的街区重新命名。

2. 可以在实际应用时只执行上述的第一步和第二步。

提示：

可以让参与者描述一些他们曾经居住或拜访过的街区。

“街党”活动列表

42 号街	布埃纳·维斯塔街
罗迪欧大街	缅因街
宾夕法尼亚大街	枫树街
教堂街	马车街
大河路	费德勒巷

北斗星

目的：热身活动；分组；队伍建设

小组人数：20 ~ 140 人

体力活动等级：高

估计时间：5 ~ 10 分钟

道具：向每位参与者发放一张“北斗星”活动列表

本项有关星座的活动适用于任何类别的参与者，可以让参与者以小组形式增强相互之间的联系，既可在会议的开始阶段开展，也可在午餐后用来恢复士气。每组中的各个成员都要承担某颗“星星”的角色以组成某一个星座。

> 我一直不明白为什么大家要把某个家族叫做“家族谱系”，直到我查了字典中对星座的定义：“88 个星群组合中可以进行任何的排列组合，再对这些排列组合冠以神话人物或事件的名称。”玩笑而已。

说明：

1. 参与者进场时，向每位参与者发放一张星座卡片。

2. 每位参与者都收到星座卡片后，向他们说明目前每个人都是没有进行排列组合的星星。

3. 向参与者说明本项活动会以星座为单位对参与者进行分组。

4. 指导参与者在活动室内走动接触其他参与者，在此过程中介绍自己代表的星座，并寻找能与其配合组成某个星座的其他参与者。但是在与其他参与者沟通时，该名参与者可以通过任何词语进行沟通，就是不能直接说出自己所要组成的星座名称。例如，如果参与者希望组成的星座是大熊星座，可以说“我也要参与创建大酒杯”。但是不可以在沟通语言中说出大熊星座的名称。

5. 向参与者说明一旦找到可以与其组成某个星座的其他参与者，就要待在一起寻找下一个目标。

6. 2 分钟后（或者大部分参与者都完成组队后），可以让参与者对其组成的星座进行展示。

7. 让各个小组轮流为其他参与者展示自己小组的星座。同时让其他参与者猜测该星座的名称。

活动变化：

1. 可以在各组进行展示前，留出一些时间让其对所要演示的星座进行演练。

2. 可以先让参与者进行分组，再依据各小组的意愿组成各自喜欢的星座。

提示：

1. 可以在参与者进行分组及演练所要演示星座的时候播放一些与星座或天体有关的音乐。

2. 在本项活动的整个过程中，参与者要保持全程站立。

3. 当各小组成员对于所要展示的星座印象模糊的时候，他们就会依据自己的印象创建新版本的星座，那么本项活动的氛围会变得比较有趣。

4. 可以让参与者表现该星座的一些特性。

备注：

“北斗星”活动列表

北斗星	小熊星座
大熊星座	北斗星团
狮子座	猎户星座

交通噪声

目的：分组；热身活动
小组人数：18～40 人
体力活动等级：中
估计时间：2～5 分钟
道具：向每位参与者发一张“交通噪声”活动列表，或向每组发一张交通工具图片

如果所有参与者都期待一种有趣的氛围，可以在会议进行中的任何时段开展本项活动，因为本项活动可以以一种激烈有趣的方式将参与者进行分组。

> 如果不是特别留意，人们不会注意到不同的交通工具发出的声音是不尽相同的。你是否留意过孩子们做游戏时，会一边模拟车辆前进一边模拟该车辆发出的声音？孩子们已经领略到这种细微的差别，你能否凭借车辆发出的声音判断出该车辆的类别？

说明：

1. 向参与者说明本项叫“交通噪声”的活动会将参与者分组。参与者需要创建在房间里交通流。

2. 向每位参与者发放一张某类交通工具的卡片（不同交通工具类型的数量应该与理想中要分出的小组数量相一致）。

3. 让参与者根据自己卡片上车辆的声音进行分组。换言之，参与者要在寻找组员的过程中模拟“开车行驶”的动作，并模仿该类车辆行驶时发出的声音。

4. 向参与者说明，一旦找到与自己同属一组的参与者，应该尽量待在一起继续“开车转悠”（理想情况下，他们所模仿的声音是一致的），并仔细聆听其他参与者发出的模仿声，以寻找同类。

5. 所有参与者都找到自己的小组后，让每个小组为其他小组模仿本组所代表车辆行驶时的声音。

活动变化：

如果同组的参与者互相之间并不了解，可以让他们进行自我介绍，如他们的

故乡或职业等。如果参与者互相之间已经很了解，可以让他们讨论本次会议的主题或参加本项活动的目的。

提示：

当各组的成员集体模仿某种车辆行驶的声音时，可以鼓励他们细致地模仿车辆排挡的情况，并模仿车辆行进的状态。

“交通噪声”活动列表

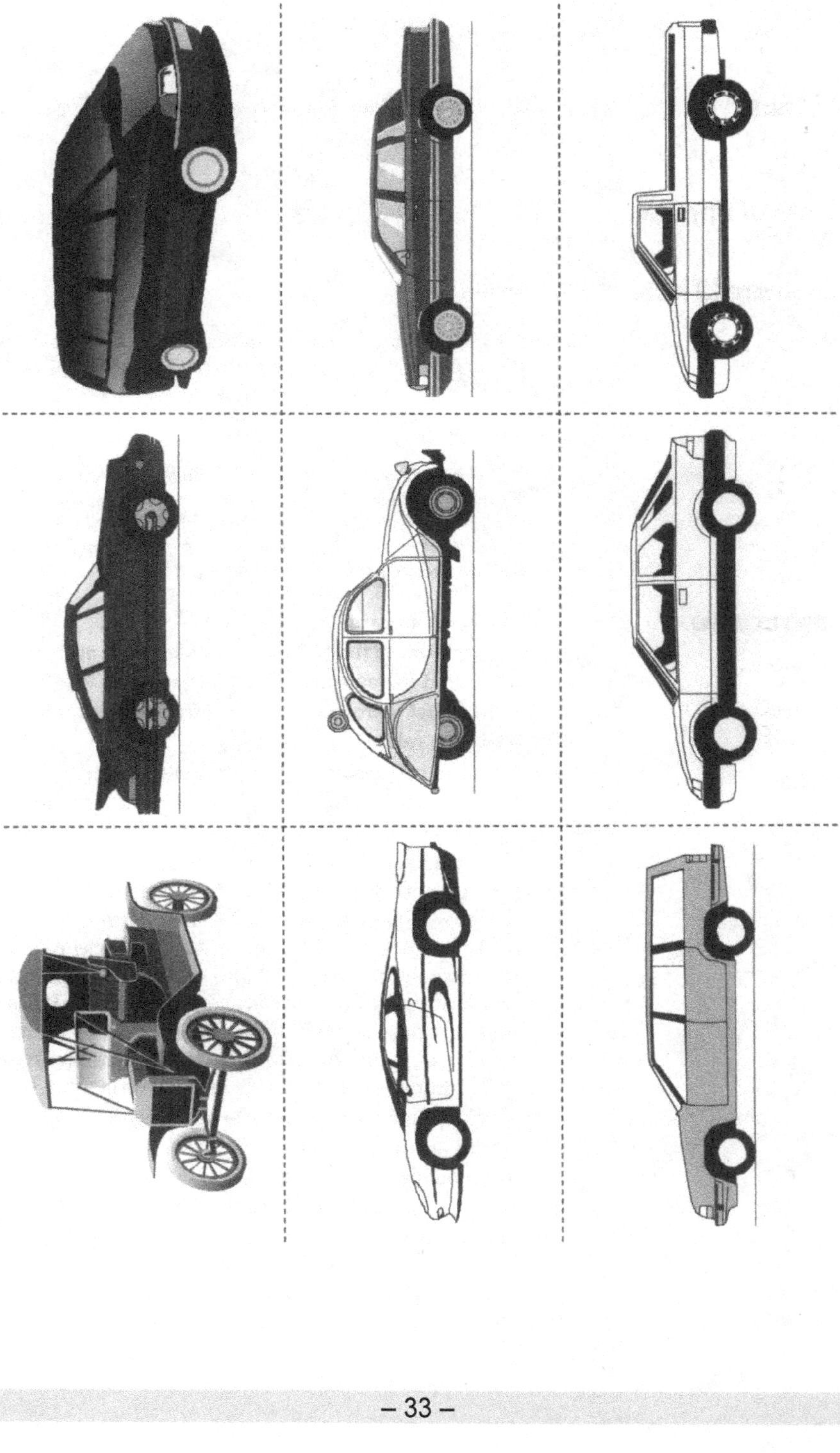

打乱水果篮子

目的：热身运动；纯粹娱乐；分组；了解你

小组人数：20 ~ 60 人

体力活动等级：高

估计时间：3 ~ 6 分钟

道具：向每位参与者发放一张“打乱水果篮子”活动列表

在本项活动中，参与者要根据自己所得到的卡片上标示的水果不断分组。本项活动既能对参与者分组，还可以作为一种会议的调剂。可以对那些乐于做游戏并希望以集体方式度过会议时间的参与者使用本项活动。

> 打乱水果篮子的原型是孩子们特别喜欢的一种游戏。许多人也许还记得另外两种最受欢迎的儿时游戏：踢罐子和打弹弓。对那些互不认识的参与者来说，这是可以在“龙与地下城”及观看视频之前开展的游戏。

说明：

1. 向参与者发放标有水果的卡片。
2. 组织参与者站立在开阔的区域。
3. 向参与者说明本项活动的名称叫做“打乱水果篮子”。
4. 向参与者说明在本项活动中一共有 6 种不同的水果。
5. 解释规则。

- 主持人喊口令“打乱水果篮子”，并说出某一种水果的名称。每组派出一名组员站在一起，并依次介绍自己。
- 其余参与者组成的各小组人数必须一致。比如，如果口令是“打乱水果篮子，柠檬和香蕉”，所有持柠檬和香蕉卡片的参与者要 2 人一组为单位进行分组，并做自我介绍。所有其他参与者也要以 2 人一组为单位进行随机分组，并做自我介绍。再如，如果口令是“苹果、葡萄和梨”，那么持有这三种水果卡片的参与者就要以 3 人一组为单位进行分组并做自我介绍，而那些持有标有柠檬、草莓和香蕉的参与者就要待在一起。

6. 按照下述分类开展本项活动。

（1）柠檬和香蕉；

（2）梨和梨；

（3）苹果、葡萄和草莓；

（4）柠檬、香蕉、苹果、葡萄、梨和草莓。

活动变化：

1. 可以让参与者在做自我介绍之外，再讨论某个话题或事件。
2. 可以使用一些外国水果，如石榴、猕猴桃、椰子及木瓜。

提示：

1. 参与者可以通过喊出自己卡片上的水果名称或展示自己的卡片来寻找同伴。

2. 如果希望以一种比较安静的方式开展本项活动，可以让参与者通过展示自己卡片的方式寻找同伴。

备注：

“打乱水果篮子”列表

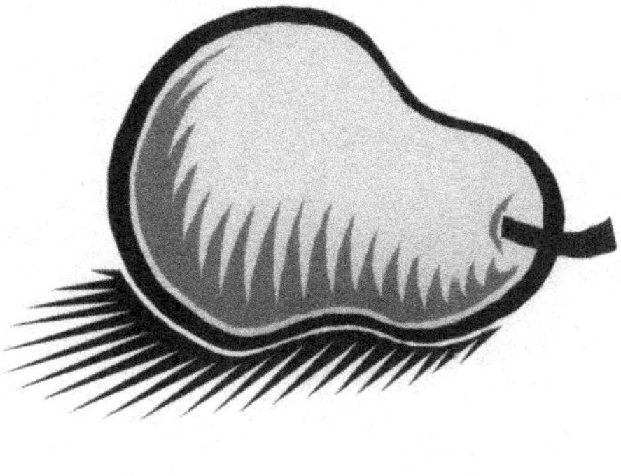

201 ICEBREAKERS

引入话题

影视大片

目的：引入话题；结束活动；会议开始节目

小组人数：6～12 人

体力活动等级：中

估计时间：3～10 分钟

道具：“影视大片”活动列表

在本项活动中，参与者要使用碟片店的分类方法这种不同的方式描述他们的工作情景。按照碟片店的分类方法将参与者分组，介绍某个项目的改变或执行情况，完成某项任务或议题，或分析某工作情形的监督或管理。

> “你想要看什么样的碟片？”你无法想象全世界的各个家庭每周要问几次这个问题？提到影碟，我惊讶于居然有人从未想象过自己设计一个碟片店或咖啡店。想象一下：在咖啡店的小活动室区域正在放映着电影。客人可以根据自己的观影嗜好选择合适的位置坐下：喜欢看悬疑片的客人应该坐在设有倾斜靠背的区域，因为观看这样的影片无须坐下；喜欢看恐怖片的客人应该坐在设有栏杆的区域；而观看历史片的客人应该坐在设有笔直而硬挺的椅背区域以免睡着；喜欢看自传片的客人应该坐在设有镜子的区域；喜欢看传记片的客人应该坐在设有可以围坐 2～4 客人的桌子区域；喜欢看喜剧片的客人应该坐在设有豆袋椅的区域（以免因大笑而跌落下来）；而那排看青少年电影的客人应该坐在设有地毯、枕头及填充物动物玩偶的区域，以避免观众中途退场。你能否为这些功能各异的区域想出合适的名字？叫家庭影院或咖啡吧怎么样？

说明：

1. 将参与者按照两人一组为单位进行分组。

2. 询问有多少参与者会经常光顾碟片店租影碟。让这部分参与者为各观影区域起名字。

3. 向参与者说明，可以对工作中的项目、情景或经历使用相似的分类方法。

4. 邀请参与者参加示范活动。可以选一件公司最近发生的组织性事件。让自愿参与的参与者简要描述下述情况——经历这次组织性事件所产生或有可能经历的恐慌；该情况的戏剧性；导致该事件发生的原因；一些不确定因素；自身的思考角度（即自身如何对该事件产生影响）；他人的思考角度（即如何对他人产生影响）；该事件可能会形成的良好结果（如果没有参与者自愿选择青少年电影，活动组织者可以跳过这类型的电影）。

5. 向参与者说明，他们还可以使用相同的方法描述____________________。

6. 为每组制定一个影片类型和一张“影视大片”活动列表。

7. 向参与者说明，每组有 3 分钟时间进行情况说明和描述。

8. 聆听其他参与者的反馈。

活动变化：

1. 如果参与者人数过多，可以按照 4 ~ 5 人一组为单位对参与者进行分组。

2. 让各个参与者（或各小组）列出工作中出现过的一些情况，然后指定其适合的影视类型。

提示：

1. 本项活动适用于员工培训项目。让参与者列出自己在积累经验时遇到的情况，再为其安排适合的影视类型。

2. 这项活动既可以很幽默也可很严肃。依据要达成的目的设定基调。

备注：

“影视大片”活动列表

事件： 描述恐怖片：	事件： 描述剧情片：
事件： 描述动作片：	事件： 描述悬疑片：
事件： 描述喜剧片：	事件： 描述科幻片：

接球

目的：热身活动；引入话题

小组人数：6 ~ 30 人

体力活动等级：高

估计时间：2 ~ 3 分钟

道具：在每个桌子上放一个乒乓球

在本项活动中，参与者要在桌子周围反复进行发球和接球的动作，每当触碰到球就要说出一个与话题相关的词，并逐个字母拼读出来。在项目开始阶段开展本项活动能够激发兴趣；在中间阶段可以用来调剂；而在结束阶段可以用来加强活动的效果。

想要在午餐后、休息前或讨论中间开展一项快速、简易、有趣而又稍带有运动量的活动吗？接球游戏是个不错的选择。

说明：

1. 将参与者分为 5 ~ 10 人一组，并在分组后围坐在长方形或圆形桌子周围。
2. 向每个小组发一个乒乓球，在会议或培训的全程乒乓球都由该组保管。
3. 如果是多组同时进行活动，要求参与者对各自组的乒乓球进行标记，以免和其他组的乒乓球混淆。
4. 向参与者说明，将各小组的桌子当做乒乓球桌，来回击打乒乓球。这样每位参与者都需要一个可以当做球拍的东西来击球，如书本或小册子。
5. 如果使用本项活动来介绍一个特定的话题，组织者要给出一个与会议话题或观念相关的词。参与者每次击球就依照该词的字母组合次序对其进行拼读，直到有人丢球为止。比如，每组的参与者要依照拼写次序在每次击球时拼出一个字母，如 T-E-A-M-W-O-R-K。每当有参与者丢球，一轮拼写就结束。
6. 让各组间形成竞争氛围，看在规定的 2 分钟内哪组在丢球前拼出该词的次数最多。
7. 通知游戏开始的时间。
8. 两分钟后，让各组分别报出该组最多拼了多少次。

活动变化：

1. 让各组之间形成竞争的氛围：在丢球之前拼出该词次数最多的小组获胜。
2. 可以用短语或句子来代替单词。

提示：

1. 可以向参与者分发不同颜色的球。
2. 可以使用软棒球或气球。

建设性反馈

目的：引入话题；队伍建设
小组人数：6 ~ 12 人
体力活动等级：中
估计时间：3 ~ 6 分钟
道具：盒子；30 张蜡纸

在本项活动中，参与者要尝试去完成一个必须在同组人提出反馈的情况下才能完成的任务，并在此过程中更深刻地理解建设性反馈在工作中的益处。本项活动适用于组员人数不多的情况，这样每位参与者都能参与到其中。理性的思考者可以在本项活动中获益良多并形成有效的结论；习惯于从具体的事件中思考的参与者也会喜欢这种体验性的介绍。

> 我的同事科比·埃德蒙茨向我展示了组织 6 名公司的执行经理人进行本项活动的过程。结果他们从本项活动中获得的经验超出了我们的想象。亲身经历果然比空说理论更有效。

说明：

1. 邀请一名自愿者。
2. 让该名自愿者站在指定位置，并在其身后一定距离的地方放置一个空纸盒。
3. 将 30 张蜡纸放在该名自愿者能够碰得到的地方。
4. 向其他参与者说明，他们的任务是向该名自愿者说出一些提示性的话语以指导其在不转身的前提下将蜡纸扔进背后的纸盒里。比如，可以对自愿者提示“再往左边一些”。
5. 发出指令开始本项活动。
6. 在活动进行过程中，让该自愿者回想已经接收到的一些语言提示，并说出哪些提示确实有效。
7. 当自愿者成功将 3 张蜡纸扔进背后的空纸盒时本项活动停止。
8. 让参与者根据本次活动的体验描述什么才是建设性的反馈。

活动变化：

如果团队人数少于 7 人且游戏时间可多于 5 分钟，则请参与者全部起立，为每位参与者分别做一次该游戏。

提示：

如果有个别的参与者不是与其他多数参与者来自同一部门。

- 在这种情况下，鼓励并欢迎来自其他部门的参与者踊跃提出反馈；
- 在规定时间内，一个人是无法在没有他人意见和提示的前提下独自完成目标的；
- 目标达成后，每位参与者都要加入庆祝活动。

备注：

人物塑造

目的：队伍建设；更了解你；引入话题

小组人数：12～40 人

体力活动等级：中

预计时间：3～5 分钟

小道具：每组发一张活页纸及马克笔

本项活动是一种有效的方式，来让参与者思考在工作中希望其搭档或团队有哪些理想的性格特征。本项活动可以用来促进队伍建设，也可以用来增进个人的性格发展，或提升小组或团队成员之间的相互了解。

我们都认识一些很有个性的人，并会把他们归类为“个性人物”。这个称呼表示这类人是很受欢迎和喜爱的，他们一般会做出出人意料的行为，在意想不到的场合发挥幽默特质，或为某种特定的情景增添一些别人力所不及的东西。

说明：

1. 将参与者分成两人一组或小组。
2. 让参与者说出一些他们真心向往的性格特点。将这些性格特点记录在活页纸或写字板上。
3. 向参与者说明，尽管我们并不能对自身固有的性格特点做巨大修正，但是我们可以努力地养成一些我们喜欢的性格特点。
4. 指导各小组塑造一个他们喜欢的人物，并列出 6 种该人物具有的特点。
5. 让各个小组之间交流他们创造的人物。

活动变化：

1. 如果团队人少，让参与者自为一组开展活动。
2. 让参与者讲述他们遇到过的“个性人物”的故事并说出是哪些特点使他们成了“个性人物”。
3. 让各组在活页纸上画出他们创建的人物的轮廓，并将其特征写在其中。

提示

1. 可以在“相由心生”活动之后开展本项活动。

2. 更进一步，还可以探讨一些所创造人物的行为。比如，回答“如何验证某人是忠诚的还是强健的？”这个问题。

烈性犬

目的：引入话题
小组人数：8～30 人
体力活动等级：中
估计时间：5 分钟
道具：活页纸及马克笔

本项活动中，参与者要总结各自与上级或老板接触的经验，并列出使沟通受阻的因素行为列表。本项活动尤其适用于经理人或监管者的培训项目。

> “他的叫声比咬口大”这句用来形容狗的话放到人类身上，就是说“这个人不足为惧，是个纸老虎”。这句俗语很有可能源于对犬类的细心观察。狗会因为各种原因发出叫声，但是人类只会关注那些具有警告性质的叫声，如“如果不是怀着友好的心态不要接近我！”与犬类相似，人类也会通过发出信号来传递明确的信息——有时甚至是不经意的。

说明：

1. 将参与者分为 2～6 人一组。
2. 向参与者说明，犬类经常会通过发出叫声或摆出姿势来吓退人类或其他动物，所以才会有“他的叫声比咬口大”这种说法。向参与者说明管理者有时会说一些话或做一些事情以威吓下属或同级同事——通常也是无意地。这样就会导致大家不愿意和该管理者进行沟通。
3. 指导参与者进行集体讨论，创建列表并记录下那些阻碍员工与管理者进一步沟通的行为。指导各组在其活页纸上记录下这些管理者的负面行为。
4. 10 分钟后，让各组报告其所创建的列表内容。

活动变化：

1. 本项活动可以用于沟通技能培训。
2. 本项活动可以用于介绍有关建立基础行为规则的项目。
3. 可以让参与者在活动中将所记录的各种行为表演出来。
4. 可以让参与者列出其他种类动物的名称及其警告性质的行为，然后指出除管理者外还有哪位的肢体语言是需要特别注意的。

提示：

1. 尽管本项活动的开始部分会有些有趣的元素，但是随着参与者对有关具体行为的深入讨论，活动气氛会变得更加严肃。

2. 如果有参与者将自己的管理者比作狗，忽略其中的侮辱性意义。

悲观

目的：引入话题；　会议的开始节目

小组人数：4～40人

体力活动等级：低

估计时间：4～5分钟

道具：活页纸及马克笔

本项活动中，参与者要指出在其生活中最希望拥有的东西及没能真正拥有它的原因，并依据对上述问题的回答对其分组。本项活动可以作为开场引导，这样可以回避一些对新观念、新程序或新项目的消极回馈。也可在结尾开展，有助于激发参与者的开放式思维，至少可以使参与者注意回避悲观预言者的言谈。

> 当你兴冲冲地向某人介绍一个新想法的时候，那人直接用（往往是还没听完）“有16种理由证明这种想法不成立”之类的说法来搪塞，你是不是会很愤怒？这种情况司空见惯。比如，在家庭场景中有人提议：“今晚我们去看电影吧？”而其伴侣回答说：“哦，那可不行，今晚是首映，电影院一定爆满，我们抢不到好座位；我们还没找好照看孩子的人，而且我忘了为明天的家庭教师协会见面会准备曲奇，还有……”或在工作场合，有人提议：“我们是不是可以建立一个新的系统来处理顾客的投诉？”同事却回应说：“我们曾经试过，无论如何都是不管用的。为什么不先解决管理层真正存在的问题，并且……”

说明：

1. 让参与者在1分钟内想出自己最想做的事情。例如，“造一艘船，然后去环游世界”或“学习开飞机”。

2. 让参与者想出更多的事例，并将这些事例写在活页纸上。

3. 让参与者读出上述事例，每次读一个。

4. 每当读出一个事例，鼓励参与者通过说出预言该活动会失败的语言来担当“悲观”预言者。比如，如果某位参与者说想要学习开飞机，悲观预言者就会回应“你年龄太大了；费用太高了；别忘了买保险时候的麻烦!”

5. 说明负面消极的思维方式会阻碍个人及组织的进步。

活动变化：

以 4 人一组为单位对参与者进行分组，并让参与者轮流承当悲观预言者的角色来反对其他参与者的观点。

提示：

1. 鼓励悲观预言者提出一些有创新性的意见。
2. 可以在本项活动之后开展“积极的思维方式”活动。

50 种方法

目的：引入话题；纯粹；结束活动

小组人数：6 ~ 20 人

体力活动等级：中

估计时间：8 ~ 10 分钟

道具：罗伯特·卡鲁斯所著的儿童文学作品《国王的裤子》影印本（纽约：Windmill Books, Simon & Schuster, 1981）

在本项活动中，参与者在回答一个出自儿童故事书中的简单问题时要想出尽可能多的答案，并在此过程中想出有创造性的解决方式。本活动可以作为会议的开始节目或结束节目，适用的人群有领导者、管理者及其他那些需要进行创新性思考的人群，以利于在做出最终决定之前全面考虑任何的可能性。

> 我认为在与自己的儿女、外甥和外甥女、孙子和孙女及朋友的孩子相处的过程中，我们成年人都得到了再次重温儿童文学作品的机会。我发现自己在成年人阶段所喜欢的作品与在童年时期喜欢的那些有所不同。虽然这种不同是由各种原因造成的，但是其中一个主要原因就是成年人对幽默有着更为成熟的理解。那些有着些许（或大量）幽默元素的儿童文学作品是我最为推崇的。生活经历不仅提升了人们的理解力，也同时提升了人们对幽默的品味。

说明：

1. 向参与者说明，大家在本项活动中要聆听一个小故事，同时积极思考不同的行为模式，并总结各位参与者与众不同的特质。

2. 向参与者朗读《国王的裤子》中的经典片段，即国王问自己的侍从“让我们想想还有没其他的方法可以穿上这条裤子”。

3. 让参与者两人一组，在 2 分钟内思考出有创新性的方法。

4. 2 分钟之后，让参与者报告自己的结论。

5. 接续朗读故事。

6. 在活动结束部分，让各小组报告故事中的国王应该采用怎样的新方式穿上裤子。

7. 至此，可以让参与者把这个小故事和自己的实际生活联系起来。

活动变化：

1. 让参与者阅读这个故事的全文。

2. 让参与者描述由于自身职位的不同而接受到的不同待遇。

3. 让承担管理工作的参与者阅读故事的全文，并向其他参与者提出下列问题，之后倾听大家所给的不同回答，即“管理者本身与其下属的特质有何不同？”通过对这个问题的思考让参与者明白，作为个体的人大家并无不同，但是每个人承担的工作责任和社会角色都是独一无二的。

提示：

尽量使该活动充满乐趣。

备注：

统筹规划

目的：自我表露；引入话题；结束活动

小组人数：6 ~ 600 人

体力活动等级：中

估计时间：4 ~ 6 分钟

道具：向每位参与者发放一张“统筹规划”活动列表

本项活动适用于旨在提升个人效能、效率或时间管理的会议。尤其适用于那些由于个人追求或职业要求而感觉心力交悴或压力过大的职场中人。

> 我的同事们会经常对自身职业生涯中的压力过大及超负荷工作抱怨连连。这有错吗？有办法解决这个问题吗？这算是个问题吗？我也感到迷茫，但是我同意大多数人的观点，那就是我们花费了太多的时间来达成某些目标，反而忽视了生活中至关重要的事情。

说明：

1. 向参与者说明，觉得自己的工作量过大或工作压力过大的举手表示。
2. 向参与者说明，觉得自己的大部分时间并没有花在处理紧急事务的举手表示，并说出一些实例。
3. 给参与者一些时间，让他们在快速浏览自己的时间安排后标出当务之急。
4. 给参与者发“统筹规划”活动列表。
5. 让参与者在 2 分钟内对该列表进行填写，并与旁边的参与者进行交流。

活动变化：

如果参与者的人数不多，可以让每位参与者轮流和其他所有参与者进行交流。在此过程中仔细观察大家的共性。

提示：

本项活动不是要解决时间安排的问题，只是明确个人的当务之急。

“统筹规划”列表

说明：请填写下列表格，列出您日常工作的任务，如回复信件、接听电话或管理预算，同时列出您日常的家务活儿，如做饭、遛狗或收拾衣物。在每项事务旁标示出该项事务的发生周期，是每日、每周、每月还是每年，并预计出该项事务所要耗费的时间。最后，在“花费时间过多”或“花费时间过少”一栏中对该事务进行选择，用对勾表示。依据上述填写的内容填写本列表末端的表格，即所要做出的改变。

个人信息

姓名：________________

职业：________________

日期：________________

活动名称	所用时间百分比	过多	过少
每日			

活动名称	所用时间百分比	过多	过少
每周			

活动名称	所用时间百分比	过多	过少

每月

活动名称	所用时间百分比	过多	过少

每年

我想要做出的改变

个人计划

事务繁忙

目的：引入话题；结束活动

小组人数：4～20人

体力活动等级：中

估计时间：3～5分钟

道具：向每位参与者发放一张6英寸的圆形纸片及3个不同颜色的标签

在本项活动中，参与者要在不同颜色的标签上写出重要的信息或所获得的启发，并把代表不同话题的3种颜色的标签贴在圆形纸片上，以此来创建“堆满盘子”的类比，显示出各自的事务繁忙。

> 昨天我儿子递给我一张晨星涡轮601的广告宣传单：适用于Mac IIsi，IIci，IIvx，IIva及Performa600系统使用，具有66Hz及256k的缓存。我问他为什么这种产品会降价时，他说是因为这种机型的速度是当前最新型号的一般而已。这真是20世纪90年代抽象性思维的缩影。我的朋友玛蒂这周来华盛顿开会时住在我家。她每天开完会回到家都觉得自己的脑细胞要用光了。我觉得应该有人发明一些可以增加人类大脑的运转赫兹及缓存容量的机器。

说明：

1. 向每位参与者发放一张划分好话题区域或写好会议主要话题的圆形纸片。
2. 向每位参与者发放3张不同颜色的标签，分别代表不同的话题。
3. 让参与者在圆形纸片的不同区域中写出当天会议的话题及要点。
4. 让参与者为不同的话题选择不同颜色的标签。
5. 向参与者发出如下指令。

- 在会议期间，参与者要仔细聆听与每个话题相关的信息或思想自身所得到的启示。每当有所感想时，就要在该话题的区域写上几个具有提示性的关键词，并在其旁边贴上与之匹配的颜色标签。
- 每当某一个话题的讨论结束，参与者要与其他两名参与者交流信息或心得。这样所有参与者可以了解更多不同思维方式的人对这个话题的想法，同时加强自己对这个问题的认识和理解。

- 如果参与者在交流过程中接收到新信息或获得了新启发，可以在圆形纸片的对应区域写下几个提示词或再贴上一个与之匹配的颜色标签。
- 在会议结束的时候，参与者可以把各自记满与当天讨论话题相关的信息和心得的圆形纸片带回家。

6. 开始活动后，谨记在公布每项要点之后暂停一会，以便参与者找到另外两名参与者并进行相互沟通。参与者有 3 分钟时间交流各自纸片上的内容。

活动变化：

1. 让参与者相互或以小组为单位分享各自的发现。
2. 可以用图片标签代替颜色标签纸来代表不同的话题及要点。

提示：

1. 一些参与者可能会需要更大的圆形纸片或更多的颜色标签，情况允许的条件下尽量准备充足彩色标签。
2. 可以为那些将自己的圆形纸片贴满的参与者颁发额外奖励。

备注：

读者来信

目的：引入话题；更了解你

小组人数：6～12 人

体力活动等级：中

估计时间：3～5 分钟

道具：向每位参与者发纸和笔

在本项活动中，每位参与者要根据指定话题起草一份致编辑的信件。这项任务意义重大，还带有某些风险性，因为它既可以为团队的功能或表现增光添彩，也有可能会打开潘多拉的盒子。可以根据实际需要指定话题。可以在会议的开始阶段开展本项活动，也可以尝试在会议进行的中间或结束阶段开展。

> 致编辑的信——本项活动创造了一个很好的机会，让参与者做出反馈、化解敌意，甚至促进某项协议的达成并表达谢意。

说明：

1. 向参与者说明本次会议的话题。
2. 向参与者说明，如果他们对于该话题已经有了想法和反应，与其他参与者进行交流是非常重要的。
3. 让参与者想象，他们现在写下自己对该话题的反应或想法，并有机会将所写下的内容送给“编辑”，即工作中该项目的管理者看。
4. 指导每位参与者写一段文字作为读者来信，其内容应具有与其他参与者交流的公开性。所写内容应该是其本人当下对于该话题的真实想法和感受。
5. 开始本项活动。
6. 2 分钟后，让参与者轮流与其他参与者交流自己的想法。

活动变化：

1. 每位参与者都完成各自的书写部分后，让所有参与者相互传阅所写内容。
2. 指定一个与参与者所在领域或群体相关的话题。

提示：

1. 在参与者进行分享阶段，不提倡反驳或争论。在分享前，就明确这样的信息，本项活动的分享旨在让参与者仔细聆听，这样才能在会议进行中获得更多不同的信息。

2. 通过本项活动让每位参与者的想法都能得到应有的倾听和重视，并在别人发言时着力改变自己的思维方式。

积极的思维方式

目的：会议开始节目；引入话题

小组人数：4～20人

体力活动等级：低

估计时间：5～10分钟

道具：活页纸、高射投影仪及马克笔

本项活动的难易程度因人而异——主要取决于参与者的人生观。但是本项活动有助于参与者更多地进行积极思考，适用于在某项目的开始阶段获得支持，或在介绍新的政策、项目或程序时使用。

> 我是个乐观的现实主义者（是不是有些自相矛盾？）。而我丈夫是一个乐观的浪漫主义者（这样比较协调）。所以，每天早上6点的时候我家就会出现下面情况：
>
> “亲爱的早上好。又是崭新的一天。”
>
> “不过下雨了。本来我想去散步的。”
>
> “可是雨水有利于我们花园里玫瑰花的生长。另外，这周你应该去健身俱乐部。”
>
> “我记得，但是今天不想去，我还有别的事情要干。你今天要做什么？”
>
> “今天会是充实的一天。先要去开一个部门经理会议；然后解决一项劳资纠纷；还要看一些规定并为明天的事情做计划；还有，要开始一项新的预算程序，为一份董事会的报告写结尾，与董事会主席开午餐会议，还有个业主委员会的会议，重新制定停车的规定……”

说明：

1. 向参与者说明本项活动名为“积极的思维方式”。假设他们身处消极的环境，但要想出积极的解决方式。
2. 举例说明，如“今天多雨、潮湿而阴霾的天气”。
3. 鼓励参与者思考并说出所有可能的积极面（注意是可能而非合理的）。
4. 让参与者将自己的答案写在活页纸上。

5. 在空白活页纸上写上“我讨厌……”的字样，并让参与者在这个标题下写出合适的例子。

6. 每位参与者都完成自己填写的内容后，让参与者每次说一个自己写的内容，并让其他参与者用“积极的思维方式”想出该情况可能的积极结果。

7. 本项活动结束后，再介绍新的话题或开始会议。一定会有意想不到的好效果！

活动变化：

1. 本项活动适用于人数不多的小组。
2. 可以将参与者按照两人一组为单位进行分组，开展本项活动。

提示：

1. 除了使用想要推广的议题，还可以使用一些其他话题。
2. 不要在活动一开始就展示那些过于乐观的想法，这会使某些理性或悲观的参与者退出。

备注：

橙子字谜

目的：队伍建设；引入话题；结束活动；热身活动；精神有氧操；适用于非破冰类型参与者

小组人数：18～60人

体力活动等级：高

估计时间：5～8分钟

道具：每组一套“橙子字谜”活动列表，由写有字母的橙子形卡片组成。其构成为：

3张A；1张B；2张C；1张D；4张E；1张F；2张G；
1张H；3张I；1张J；1张K；2张L；2张M；2张N；
3张O；1张P；2张R；2张S；3张T；2张U；1张V；
1张W；1张Y

本项活动与拼字游戏相类似，但是所组成的词必须与指定的会议话题相关。当介绍某项目或进行讨论时，橙子字谜活动可以让参与者觉得趣味盎然，还可以让管理者更好地了解参与者对于指定话题的了解程度。在项目的结束阶段开展本项活动，可以强化参与者对于某些关键词和概念的理解；而在项目的进行过程中开展本项活动，可以达到强化及调剂的效果。

我们大多数人都做过猜谜及拼字游戏。一般情况下，我们都是独立思考答案[除非当时正好有人经过并给出一些提示或帮助(而我们会突然醒悟，反问为什么自己没想到这个答案？)]。

说明：

1. 将参与者分为4～10人一组。

2. 向参与者说明，他们可以在3分钟内想出一些与指定内容相关的词，并按照猜谜游戏的方法，从各组的卡片中选出所需字母的卡片组成该词。

3. 当各组都完成组词后，按照下列方式给各小组计分——每使用一个字母计1分(如果同一字母用在两个不同的词中，计2分)；由5～6个字母组成的词计2分；由7个或多于7个字母组成的词计4分。

4. 提醒参与者组成的词必须与指定内容有关（要做好准备，使参与者对指定内容的相关延伸保留在合理范围内！）。

5. 发出信号，活动开始。

6. 3 分钟后让各组计算所得分数。

7. 让各组报告各自的猜字结果（强化概念）及所得分数。

活动变化：

1. 可以使用神奇马克笔，让参与者把猜出的词写在真正的橙子上，没错，就是直接写在水果上。这样会让活动变得更有趣、便于传递且味道很好！

2. 在项目进行过程中可以给各组第二次机会进行该游戏。

3. 为了取得更好的效果，可以加长活动时间。

提示：

1. 依据参与者的智力水平与竞争动力介绍该活动。

2. 可以让参与者围坐在桌子边，也可让他们就地坐下进行猜字。

备注：

“橙子字谜”活动列表

图片不说谎

目的：引入话题；队伍建设
小组人数：2～40 人
体力活动等级：低
估计时间：3～5 分钟
道具：向每组发一张图片（最好是关于人际互动的漫画）

本项活动旨在让参与者理解“假设”在日常生活中扮演的角色。参与者先独自分析图片，再将自身对图片的假设与其他参与者的假设对比。本项活动适用于任何类型的参与者，可以在项目进行中的任何时间开展。本项活动易于理解且非常有效。

> 下面的情况是否似曾相识：“哦，对不起。我还以为你的意思是……”或“哦，抱歉。我还以为你要去”不论对事还是对人，我们都倾向于使用过往的认知和经历，先入为主地形成一些并不准确的假设。好消息是，我国有许多成功的律师。而坏消息就是好吧，这只是你的假设。

说明：

1. 将参与者分为 2～6 人一组。
2. 向每组发放一张图片。
3. 每组有 1 分钟时间列出对于图片的分析。
4. 图片分析结束后，向参与者说明形成先入为主的假设而忽略客观事实属于人之常情。这种思维方式有时是有益的，而有时也会形成障碍。
5. 指导各组逐项阅读整组的分析列表，区分出哪些属于客观陈述，哪些属于主观假设，并做出标示，F 代表客观陈述而 A 代表主观假设。
6. 当各组完成上述任务，或大约 2 分钟后，让参与者说出对该活动的观察结果。

活动变化：

1. 向所有参与者发放相同的图片，并让各组对其他组的分析列表做评论。
2. 如果参与者的总数不多于 15 人，可以让所有参与者集体完成上述步骤。

3. 可以使用对某个事件的文字描述来代替图片。

提示：

1. 对诸如面试、调查及管理教学和培训之类的话题，本项活动是一项非常有效的破冰工具。

2. 鼓励参与者对事实与假设的判断做无伤大雅的辩论。

备注：

一件一件来

目的：引入话题；队伍建设；纯粹；结束活动；分组

小组人数：8 ~ 40 人

体力活动等级：高

估计时间：6 ~ 10 分钟

道具：以 4 人一组为单位进行分组，每组发 50 个谜语

本项活动旨在激发参与者的积极性，并快速进入合作状态。可以在任何有需要的时候开展本项活动，以凸显相互依存、个体积极参与及及时沟通的重要性。既可以通过竞赛的方式开展本活动，也可通过游戏的方式开展以使参与者享受参与的乐趣。

> 在最近一次的车库甩卖中，我们摆出了 22 幅拼图。我并不情愿做这件事，因为拼图游戏就像图书一样容易让人上瘾。至今还有 10 幅拼图留在架子上。当然，都是有纪念意义的：有的印有我大学母校的水车图案；印有莫奈画作图案的那副是我巴黎之旅的纪念；而音乐那幅是为纪念我儿子在乐队里吹小号的，诸如此类。

说明：

1. 把一幅拼图的所有版块分成 4 份，分别装进 4 个袋子。
2. 在每张桌子上放一套完整的拼图，即装有拼图的 4 个袋子。
3. 按照 4 人一组将参与者进行分组。
4. 让每组中的 4 位参与者各拿桌上的一个袋子。
5. 向参与者说明，各组成员需要与同桌队友共同完成这幅拼图。但是要严格遵循下述规定。

- 在各组中，整幅拼图的完成需要 4 位成员的共同努力。
- 各组成员需要轮流将自己袋子中的版块放在桌子上。当一位参与者拿出一块拼图后，下一名参与者拿出自己袋子中的一块，依次类推。在此过程中，各组成员不得谈话或触碰其他人手中的版块。

6. 1 分钟后，发出如下指令。

- 继续轮流往桌子上放各自手中的版块，每次一块，依然不许进行语言沟通，

但是可以触碰其他成员的版块。

7. 再过 1 分钟，发出如下指令。

- 各组还有 2 分钟时间采用任何方式共同完成整幅拼图。在此期间，各组成员可以进行语言沟通。

8. 在最后的 2 分钟后，停止拼图。

9. 让参与者说出他们对于本项活动的认识和获得的启发。

活动变化：

1. 可以不设任何规定，让各组按照自己喜欢的任何方式拼图。并让各组参与者说明自己是如何分工合作的。

2. 可以为每组发放相同的一幅拼图，通过竞赛的形式完成拼图。

3. 可以在讨论的开始或是结束之后开展本项活动。

提示：

1. 参与者分享完自己获得的启发后，若参与者未对下述要点进行阐述，可以进行补充。

- 我们是在孤军作战，完成整幅拼图所必须的版块所有者并未参与。
- 我们为了达成目标经常使用比较单一的沟通方式。
- 我们通过各种方式沟通和分享版块后，成功完成拼图的概率比较大。

2. 尽量选择与项目内容或团队成员信息或图片相关的拼图。

备注：

提问性对话

目的：了解你；更了解你；引入话题
小组人数：8～40 人
体力活动等级：中
估计时间：10～20 分钟
道具：向每位参与者发一张“提问性对话”活动列表

在本项活动中，参与者可以自行选择问题进行提问，以获得自己同伴的信息。本项活动最适用在会议开始阶段发挥自我介绍的功能，为对话提供一个可依循的框架。作为对质询技巧或开放性、封闭性问题的介绍，本项活动旨在使参与者认识到提问前对问题的选择及提问顺序安排的重要性。

> 哲学家因为善于提问而受到尊重；政治家则因为善于回答问题而受到爱戴。

说明：

1. 以 2 人一组为单位对参与者进行分组。
2. 参与者可以通过向同伴提出开放性或封闭性问题来得到有关同伴的信息。
3. 向每位参与者发一张问题卡。向参与者说明，每张问题卡上都包含两种样本问题——一种是封闭性问题；另一种是开放性问题。
4. 向参与者说明他们的任务是为这两类问题再分别补充两个问题。难点在于这 4 个问题要能得到自己想从同伴身上得出的信息。
5. 每位参与者有 1 分钟时间来填写问题卡。
6. 1 分钟后，每位参与者有 2 分钟时间向同伴提问。注意这 2 分钟内同伴可以互相提问并回答。

活动变化：

可以让参与者写出自己想要回答的问题，并在活动开始前与同伴交换问题卡。

提示：

1. 可以在相互认识的参与者之间开展本项活动，让参与者思考提出怎样的问题才能获得对方更多的信息。

2. 活动开始可以邀请某位参与者站到活动室的前方，由其他参与者向其提问，问题既可以是开放性的，也可以是封闭性的（或者可以由会议组织者来担当这个角色，打破僵局）。

“提问性对话”活动列表

开放式问题

开放式问题需要运用发散性思维，其回答必须由具有一定长度的一段话组成，并可以引发讨论。请看下列开放式问题的例子：

1. 您工作的哪个方面为您带来了最大的满足感？

封闭式问题

封闭式问题仅需要用一个词，或是与否作答即可。请看下列封闭式问题的例子：

2. 您喜欢您目前的工作吗（只需回答是与否）？

团队合作的秘诀

目的：队伍建设；引入话题；结束活动

小组人数：8～40 人

体力活动等级：高

估计时间：15～20 分钟

道具：向每位参与者发放一张“秘诀”列表

本项活动旨在使参与者对如何创建成功的秘诀产生兴趣，尤其在上午或下午休息前开展本项活动，非常有效。

> 人们总是在寻找成功的秘诀，即一套合法、清楚而明确，同时能为执行者带来成就、金钱、名声和爱戴的行为准则，其效果最好屡试不爽。想想费尔茨夫人、本杰瑞公司及保罗·纽曼的成功之路？为什么我们不能成功呢？

说明：

1. 将参与者分组。

2. 向参与者说明，队伍建设中的某些因素对获得成功至关重要，如同在烹调____________________中的某些重要成分（请填写您所选择的菜谱）。团队工作失败的原因之一就是其成员并未将获得成功所必须的因素进行分辨、衡量及整合。

3. 向参与者发放__________________的烹调菜谱。

4. 让参与者仔细分析每项成分的特质为最终的烹调成品添加了怎样的味道，各种成分加入的时机和顺序，以及各种成分的添加方式。

5. 指导参与者将烹调的菜谱类比替换成“团队合作的秘诀”，用团队工作替换菜品，指出所需要的因素，各因素所需的数量及对最终要获得的结果有怎样的影响，何时加入各因素及加入的方法。这些步骤的完成时间为 5 分钟。

6. 5 分钟后，让各组读出各自的“成功秘诀”。

活动变化：

1. 可以为参与者个人或小组制定一些因素。

2. 可以提供减肥餐谱或水果餐谱作为备用版本，让各组比较其不同点。再类比常规甜点和脱脂甜点的制作方法，以凸显不同因素带来的不同结果。

3. 可以将原始版本替换成“成功蓝本”。

提示：

可以向每位参与者发一份由会议组织者依照任何餐谱自制的美味食品，如家庭手工制作的曲奇饼干。

感官表达

目的：引入话题；结束活动；纯粹娱乐

小组人数：8～20人

体力活动等级：低

估计时间：3～5分钟

道具：放有能够刺激人类感官的物品的大盒子，包括茶包、空气清新剂、精油蜡烛、巧克力士力架、护手霜、咖啡豆、枫糖浆棒棒糖、小雪松盒、剥橙器、橡胶雨衣、胶套鞋及加墨印章。

本项活动旨在使参与者认识到在处理问题、开展调查及管理下属时，如果要做出相对准确的评估，必须全面启动各种感官。

> 根据在不同部门工作的经验，我发现无法有效地处理行为及技术问题的一个普遍障碍是：在分析情况及决定潜在解决方案时很多员工拒绝全面开启并综合运用各种感官。常见的感官有很多，如商业感觉、历史感、个性、金融感觉、时空感、关系感官、对他人的感觉、道德感、时间感、融入感、观察力、礼节性、轻率感及第六感。

说明：

1. 在开展本项活动之前，将所收集的有关感官的物品放入一个盒子里。
2. 向参与者说明，每人有一次机会通过感官实验来猜里面的东西。
3. 选一名自愿者首先参与活动，将其双眼蒙上。
4. 每次从盒子里选出一个物品。将所选的物品送到自愿者身边，指导其使用嗅觉来猜这个物品是什么。当自愿者确认自己的猜测后，若猜测正确，就将该物品放在一边。若猜测错误，将该物品放在另一个指定的地方，让自愿者继续猜测下一个从盒子拿出的物品。
5. 当盒子的物品都被拿出来后，可以让自愿者再次对猜错的物品进行新一轮猜测，这次指导自愿者使用听觉进行猜测（即每次拿一个物品放在自愿者耳边并进行摇晃）。如果再次猜错，将猜错的物品放在旁边。
6. 在下一轮，每次在桌子上拿一个物品，让自愿者使用触觉进行猜测。
7. 最后，除掉自愿者的眼罩。

8. 游戏结束后向参与者说明，大家在思考答案的时候往往会通过优先进入感官的那一面进行猜测并直接得出结论。我们经常会听到下述结论，如“我从她的面部表情就知道一定是她干的”或“我听说这是去那儿的最佳路线”。而重点在于事实往往并不是第一眼看到的表面现象。因此，在形成最终的结论前，哪怕只是对已成形的决定做核查前，必须尽量开启并使用所有的感官。

活动变化：

使用盒子的一半物品让第一位自愿者进行猜测，再让第二位自愿者猜测另一半物品。

提示：

1. 本项活动应该在趣味盎然的氛围中开展。

2. 将很容易就能通过嗅觉猜测出来的物品与那些不是很容易用嗅觉猜出来的物品混合在一起。

备注：

捉迷藏

目的：引入话题；结束活动；热身活动；调剂冗长、枯燥的发言
小组人数：10～40 人
体力活动等级：高
估计时间：2～4 分钟
道具：写有各种情感状态的 10 张大卡片。

参与者要在本项活动中通过显示或隐藏自身的情感来与其他参与者进行沟通。本项活动适用于管理类、客服类或沟通技能类的培训。

> 人类可以通过学习而获得的最为有用的技能之一，就是在他人有意说出或做出的口头语言或肢体语言面前依然保持客观的心态。鉴于这个原因，当有人问我经理人最需要学习的有益技能之一是什么的，我会说“引导技能”。作为一名引导者，需要移除个人的情感因素，对所有的人或事客观地倾听并做出回应。

说明：

1. 在游戏开始前，从下列情感因素中选出 10 个写在大号的索引卡、卡纸或广告版上，也可以让参与者自行选择情感因素，如失望、愤怒、感激、仇恨、幸福、担心、怀疑、焦虑、热情、沮丧、压力及安慰。

2. 让参与者全体起立。

3. 向参与者说明，在工作场合，需要在某些特定情况下有意显示或隐藏一些情感。有时显示情感至关重要，因为要让听者“接收”到说话人的真实情感。而有时隐藏情感也是必须的，这可以让表达听起来更客观。

4. 让参与者举例说明他们在各自工作中的感受，并举例说明在什么情况下需要显示或隐藏情感。

5. 提醒参与者，除了口头语言外，人类在沟通时的面部表情及肢体语言也会在无形中流露出各自的情感。本项活动旨在让参与者练习如何在实际沟通中显示或隐藏他们的面部表情及肢体语言。

6. 在游戏中，组织者会拿起写有“显示_______________（卡片上所写的情感因素）”或“隐藏_______________（卡片上所写的情感因素）”的卡片。参与

者需要按照卡片上的指令做出面部表情及肢体语言，再对照其他参与者的表现。

7. 拿起一张写有“显示________________（卡片上所写的情感因素）”或“隐藏________________（卡片上所写的情感因素）”的卡片，开始本项活动。

活动变化：

1. 可以让参与者提出一些情感因素的词语并加入到列表中备用。
2. 让自愿者优先参与游戏。
3. 让参与者面向活动室的中心位置以便于相互观看。
4. 还可以通过“我说你做”的方式开展本项活动。即组织者只要喊出一个情感词作为指令，参与者就要做出相应的表现。但是如果组织者在喊出指令前加上了“隐藏”，那么参与者维持原样不动。

提示：

1. 如果一切按照要求开展，本项活动的氛围应该是趣味盎然的。
2. 组织者可以以身示范，指导参与者要尽量夸张的面部表情和肢体语言来表现卡片上的情感词。

备注：

____

____

____

____

____

____

____

____

____

____

旋转理想的纱线

目的： 队伍建设；引入话题；线束活动

小组人数： 6～24 人

体力活动等级： 高

估计时间： 3～6 分钟

道具： 纱线球

在本项活动中，参与者通过轮流发言的方式共同创造一个有关理想组织的“故事”。在会议开始阶段开展本项活动，有助于使参与者更好地倾听他人的意见并对共同的未来形成大体框架；在会议进行阶段开展本项活动，可以达到调剂的作用；而在会议的结束阶段开展本项活动，可以为当天的会议画上圆满的句号。

> 许多公司的各部门之间往往会忽略其各自的推搪对最终决定和事件结果产生的影响。

说明：

1. 让所有参与者以圆环形状站立。

2. 向参与者说明在本项活动中，大家要共同创造一个有关理想公司（或团队）的“故事”。

3. 请一名参与者讲述一个在“理性公司”内有可能发生的事情，如“在这家公司，每个员工都能相互理解，并愿意为了共同的愿景而努力”。

4. 第一位参与者讲述完毕后，由另一名参与者顺着第一位参与者的讲述添加新的内容。直到每位参与者都讲述了自己的内容。

活动变化：

尽量使创建的故事与个体的工作经验相关。

提示：

1. 写故事的线球既可以按照参与者围成的圆圈次序传递，也可以将线球直接传递给某个有想法的参与者。

2. 随着故事的进展，参与者会越来越有灵感。如果参与者人数不是很多，可以进行多轮传递。

多米诺骨牌

目的： 队伍建设；引入话题；纯粹娱乐

小组人数： 6 ~ 12 人

体力活动等级： 高

估计时间： 6 ~ 10 分钟

道具： 多米多骨牌（至少 96 块）

在本项活动中，由于每人都要在搭建一套成功的多米诺骨牌中承担不同的责任，所以每位参与者都会从中得到许多经验、教训及建议。本项活动适用于那些乐于接收挑战并使用策略的参与者。可以在开展一个新的系统之前或介绍一个筹划会的时候开展本项活动。

> 去年，我的亲家瓦尔特和戈尔迪来我家玩的时候，我们几个人重新发掘了多米诺骨牌的乐趣。在他们来的第三个晚上，我们进行了一场激烈而艰辛的比赛。多米诺骨牌看似简单，但是每个人在游戏过程中都要遵守各自的规则——这就是游戏的难点之所在。

说明：

1. 将所有参与者分成 3 个小组——实施者（2 人），建造者（所有参与者人数的一半）及提议者（其余所有参与者）。
2. 所有参与者在本项活动中的任务就是搭建一套能够成功运转的多米诺骨牌（即每块多米诺骨牌都能按顺序依次倒下）。提议者负责制定路线，建造者负责堆砌骨牌而实施者负责启动。
3. 向参与者说明完成一套多米诺骨牌的时间是 5 分钟。
4. 开始活动。
5. 5 分钟后，或成功完成本项活动后，向各位参与者提问“本项活动与我们所面临的商业任务有何相似之处？”

活动变化：

1. 可以将参与者划分为两个或更多的小组进行本项活动，以增加竞争性。
2. 为各组制定任务（设计路线、搭建骨牌及启动骨牌），并在活动完成后让参与者把多米诺骨牌的工分情况与自己实际工作中的组织分工或组织角色相对比。

提示：

1. 由于参与者需要在规定时间内完成一套多米诺骨牌，为了不影响效率各位参与者之间会相互催促，类似于公司内部不同团队之间的关系。

2. 如果能让参与者在活动最后对多米诺骨牌与公司内部的组织结构进行类比，会让参与者从中得到更多的启发。

龟兔赛跑

目的：引入话题；适用于非破冰类型参与者

小组人数：6 ~ 30 人

体力活动等级：中

估计时间：5 ~ 7 分钟

道具：每组一张贴在墙上或黑板架上的活页纸、马克笔及“龟兔赛跑”活动列表

本项活动旨在介绍决策制定或问题解决的方法，使参与者认识到在开展调查、权衡选择及获取支持阶段投入时间的重要性。

> 我们都曾经目睹工作团队在处理一些必须投入时间、金钱和统一性的项目时所经历的资源和控制困境，这主要是因为团队成员没有认识到在重大问题上达成共识的重要性。对于这句“现在给钱还是晚些时候给钱”大家都耳熟能详。

说明：

1. 按照 2 ~ 5 人一组为单位对参与者进行分组，并以小组为单位站在贴在墙上的活页纸前。

2. 让每组成员指定该组的书记员。

3. 让每组成员罗列出在各自工作部门（或公司）现存的各种决策（或问题，依据当日话题而定）。每组需要在 1 分钟内完成该项列表。

4. 1 分钟后，通过图片展示来介绍“龟兔赛跑”活动的流程。首先让一名自愿者讲述龟兔赛跑的故事。

5. 指导参与者按照下列方式，在 1 分钟内将龟兔赛跑的故事对应在本组成员罗列的决策或问题上。

- 各组成员要对每个罗列的问题和决策进行集体讨论，以确定这个问题或决策需要当机立断还是需要投入更多的时间和研究才能做出决定。
- 组内所有成员针对某一问题或决策达成共识后，根据所需投入的时间长短分别在该问题或决策前画上乌龟或兔子。

6. 1 分钟后，让每组成员对其所罗列问题和决策标示的快与慢誊写到活页纸

上，并写出解释说明。

7. 2分钟后，让各组成员对其选择和分类进行解释说明。注意说明中应该考虑下列要点。

- 但凡需要投入大量人力、时间、信息收集式调查或其他方法才能解决的问题或决策都需要谨慎长期的处理，应标记为乌龟。
- 但凡所需解决的问题或决策风险有限、时间紧迫、属于突发性质、无须额外调研或没有其他解决之道，需要或可以快速解决的，应标记为兔子。

活动变化：

1. 在每组参与者的桌子上发放草稿纸。
2. 如果时间允许，可以让各组分享其列表并展开对话。

提示：

为增添本项活动的趣味性，可以在活动开展前准备有关龟兔赛跑的幻灯片并为参与者放映。

备注：

“龟兔赛跑”活动列表

游遍全城

目的：队伍建设；引入话题；分组
小组人数：12 ~ 60 人
体力活动等级：中
估计时间：4 ~ 6 分钟
道具：“游遍全城”活动列表，每位参与者一张卡片，为每组指定一个建筑物

在本项活动中，参与者有机会体验共同居住在一个小镇社区的感受。本项活动可在项目开始分组前进行，也可以在介绍有关建设团队、道德伦理及服务意识的时候进行。

> 啊，美国小镇！我们大多数人都会时不时地想过一种美国小镇生活，在那里大家相互熟识，并为社区所取得的成就感到骄傲。有些人有过这种美好的经验，而有些人现在依然过着这样的生活。

说明：

1. 向参与者发放印制成社区著名建筑物形状的卡片。
2. 让参与者依据其收到的卡片形状分组。
3. 让各组参与者在 1 分钟内创建列表，列出该组共同建筑物为该社区提供了哪些服务。
4. 1 分钟之后，邀请各组对其罗列的服务做一个快速报告。

活动变化：

1. 可以让参与者依据收到的建筑物形状发出与其相关的声音（如警铃、火警铃或教堂钟声），寻找与其声音相似的其他参与者组成小组。
2. 分组结束后，让各组在 2 分钟内决定能代表该组卡片上建筑物的声音，并与其他小组交流。

提示：

1. 本项活动十分适用于介绍社区服务的会议或对道德伦理及系统的介绍。
2. 如果某组内有参与者曾经在该组卡片代表的机构工作过（如消防局、教

会等），可以让该参与者转到其他小组去。

3. 本项活动的氛围可以是轻松愉快的，也可以是严肃深沉的。组织者的态度会决定活动的整体氛围。

“游遍全城”活动列表

法院

消防站

教堂

学校

警察局

医院

袒露感情

目的：引入话题；结束活动；热身活动；纯粹娱乐；调剂冗长、枯燥的发言
小组人数：8～40人
体力活动等级：中
估计时间：4～5分钟
道具：每个2人组8张卡片，“袒露感情”活动列表

参与者通过相互观察非语言性的线索猜出各自的情感。本项活动可以有效地为达成某种目标或解决某些问题收集想法，既可以当成一种精神调剂，也可以当成一种增进参与者相互了解的手段。针对以目标为主导的小组，可以将活动目标设定得更具体一些。

> 许多商务人士都学过不能袒露情感。我认为这本身没有问题，但是并不适用于全部情况。同情心和同理心都是由心而生的。

说明：

1. 向每个2人组发张8张写有不同情感因素的卡片，并标注1～8的序号。
2. 让参与者按照两人一组进行分组。
3. 向每组中的一位参与者发放标有奇数的卡片，向另一位发放标有偶数的卡片。
4. 让每组的参与者面对面站立。
5. 向参与者说明，我们经常会有意无意地“袒露情感”，即其他人会依据我们当时的面部表情及肢体语言形成有关我们的评价和判断。这既有好处也有坏处。即当我们想要显示出情感时这就是好的，而当我们并不想表露某些情感或传达某些感受时，就是不好的了——也就是当我们真正想法与表现不符的时候。
6. 本项活动在于强化参与者袒露情感的能力。
7. 说明下述规则。

- 每个2人组中持1号卡片的参与者先开始。该名参与者通过做出相应的面部表情和肢体语言来表现1号卡片上的情感因素，但是不能直接说出来。
- 让另一名参与者猜测。
- 然后由持2号卡片的参与者按照上述方法表现2号卡片上的情感因素，再

由其同伴猜测。

- 活动继续进行，直到每组中的参与者都相互猜出对方所做的情感因素。
- 参与者有 2 分钟时间进行本项活动。

8. 开始本项活动。

活动变化：

让参与者想出一些情感因素并予以呈现。

提示：

可以由组织者先表现一些情感因素来开启本项活动。

备注：

“袒露感情”活动列表

1	2
3	4
5	6
7	8

201 ICEBREAKERS

会议开始节目

自传

目的：会议开始；更了解你；引入话题
小组人数：2 ~ 150 人
体力活动等级：低
估计时间：10 分钟
道具：无

参与者以其拥有的第一辆车为灵感，进入某种情绪并想象某会议或项目的好处。在介绍活动流程后开展本项活动效果最佳。

> 大多数人（尤其是那些年近中年的人士）对自己拥有的第一辆车都充满美好的回忆，并喜欢谈论或回想自己的第一辆车。在描述该车细节的时候大多会面带笑意，并往往以下面这句话作为结束，即“那辆车真棒……”

说明：

1. 让参与者自行找同伴，组成 2 人组并做自我介绍。
2. 每位参与者都找到自己的同伴后，让各组在 2 分钟内按照下列要点相互介绍自己拥有的第一辆车。
   - 描述该车的外形及其他性能特点；
   - 描述该车对其所有者的意义及曾经发生的难忘的事。
3. 5 分钟后，向参与者说明本次会议或本培训项目有关________（目标主题）。为了让会议或项目进行地有意义，参与者需要了解本次会议或项目的好处。
4. 让参与者以组为单位相互说明自己认为本次会议在知识、体验、感受及参与度方面有哪些好处。
5. 5 分钟之后，让自愿者进行报告陈述。

活动变化：

1. 如果参与者人数不多，可以在会议结束时让每组都对其讨论结果进行报告。
2. 在会议或项目的结束阶段，回归主题，让参与者回想最初他们假设的好处，并在其后添加一些具体感受。

提示：

可以由组织者简要介绍自己拥有的第一辆车作为会议的开始。

构建日程表

目的： 具体活跃活动；引入话题；会议开始节目

小组人数： 6～20 人

体力活动等级： 中

估计时间： 3～5 分钟

道具： 装入信封的日程表项目，构建日程表所需的空白纸或广告版。

如果有意让参与者在会议开始前帮忙构建日程表，本项活动尤为适合。

每个人都有自己的日程表。每个人的日程表都不尽相同。日程表既有助于获取成功，有时也会起到反作用。关键在于掌握在何时、以何种方式来执行日程表。承认别人的日程表与自己的日程表大体一致，甚至安排得更为合理是很难的。执行者并不是关键，日程表的安排才是关键。

说明：

1. 在会议开始前，在活页纸或其他类似的纸张上写出日程表。
2. 将该份日程表按照具体事项剪成小份。
3. 再将每个具体事项的句子按照词语剪成小份。
4. 在活动开始前向参与者说明，需要大家一起来复原并创建出这份日程表。
5. 按照每 2～4 人一组将参与者进行分组。
6. 向每组分发一个装有具体事项组成内容的词语纸片信封，让各组的参与者将词语纸片粘贴复原为一个日程表事项。
7. 让各组按顺序，轮流将各自小组整理出来的具体事项贴在标有“日程表”的活页纸上。

活动变化：

1. 向每位参与者或每组分发一个装有将尺寸为 8.5 英寸×11 英寸或者是 5 英寸×7 英寸的日程表剪为碎片的信封。让他们通过粘贴将其复原为日程表。
2. 让参与者寻找持有与其字词相关的部分的参与者组成小组，并坐在一起。

提示：

1. 向参与者说明本项活动的目的旨在让参与者在活动开始前精神振奋，并使参与者了解日程表的构建要使用大家分别持有的部分，才能完成。而了解当日会议的主题有助于参与者更迅速地完成本项任务。

2. 尽量将日程表的具体事项设置得有趣些。

装罐

目的：会议开始节目；引入话题；结束活动
小组人数：8 ~ 40 人
体力活动等级：中
估计时间：3 ~ 5 分钟
道具：每张桌上一个篮子，一个糖果罐及大量碎纸片。

在活动开始，让参与者将最近自己甚为烦恼的事情写出来，再将其“装罐”放在桌子上，是一种快速有效的方式让参与者将自己的烦恼抛诸脑后（只是字面意思！），这样参与者就可以有更大的空间存放积极正面的想法。本次活动可以作为一种后备活动开展，即当感到参与者对日程表上的安排表现出抗拒或参与者手头的任务量过大而无法集中注意力时，进行本项活动效果最佳。

> 在一本名为《适用于社会各阶层人士的 1001 条逻辑法则、公认真理、无形原理、老生常谈、家庭颂歌、多彩推论、名著引述及粗略反刍》的书中，有一小节名为“愤世嫉俗者的反思：我相成为悲观主义者而不得”。

说明：

1. 在每张桌上放一个篮子。

2. 向参与者说明摆脱各自的负面情绪是至关重要的，只有这样才能在当日的会议中以开放、清晰的头脑接收正面积极的信息。

3. 提醒参与者下面进行的活动要计分和颁奖（因为要放弃自己一些贵重的财产是很困难的）。

4. 指定会议的日程表或主题。

5. 让参与者从桌上取一些碎纸片，将各自预想的或正在经历的负面想法写出来。也可以写出任何会对其客观分析该日会议主题形成干扰的负面想法。

6. 让参与者用 2 分钟时间写出这些负面的想法及认知，再指导参与者将碎纸片揉成团，一个一个地投掷进桌上的篮子里。如果没有投中就再投一次。参与者应该记下自己往篮子里投掷的纸团数量。

7. 投掷结束后，参与者可以依据各自往篮子投掷的“垃圾想法”纸团的数量从糖果罐中取相应数量的糖果作为奖励。

8. 鼓励参与者将任何想到的负面想法都写下来并扔进篮子里，然后通过拿取糖果作为奖励。

活动变化：

1. 在会议室内设置一个位置固定的垃圾桶，让参与者自己将写满负面想法的纸团扔进垃圾桶，从中得到一种释放和解脱。

2. 本项活动的目的旨在使参与者摆脱一些负面想法，以及一些称不上负面但确实属于先入为主的想法和判断。

3. 本项活动有助于参与者摆脱个人正在经历的那些分散其注意力的事情。

提示：

糖果的种类要能反映出负面思维的严重性。比如，那些不是非常负面的想法对应价格普通的硬糖，而那些严重到一定程度的负面想法对应高迪瓦巧克力（针对那些难以消除的消极性，奖励可以提升为手表、照相机甚至是录像机！）。

备注：

事已至此

目的：更了解你；队伍建设；会议开始节目；引入话题；适用于非破冰类型参与者

小组人数：10～20 人

体力活动等级：中

估计时间： 4 ～ 8 分钟

道具：“事已至此”活动列表。

本项活动使参与者在没有任何风险的情况增进相互的了解，使领导者更好地了解参与者的期待，并鼓励参与者在会议期间承担责任。

> 当您在主持会议、进行演讲或培训时，总会碰到——至少一次——这样的情景，即有人并不想参与这个活动。我们这样的老手一定会在活动开始前就寻找一些蛛丝马迹：烦躁不安的大喘气、逆反性、好斗性等。由于我曾经被迫参与一个与我毫无瓜葛的会议，所以一般我会在会议开始前询问与会者的期待，会议的组织者应该做怎么的调整，至少让参与者明白我了解他们的感受（顺便说一下，我经常在会议进行中间提醒与会者离席走开也是一种选择——当忍无可忍的时候）。但是这是行不通的，我完全被愚弄了。我在一个会议中负责其中的一部分，我自认为一切进展地非常顺利：每个人都是自愿而积极地参与到其中，每个人都面带微笑并在结束时向我表达感谢。那天晚上，我宣读了一份班级评估，其中一个参与者直接走到我面前。他说自己并未从中得到任何收获，尽管报告本身非常精彩。次日，他再次找到我说：“现在您已经读过了评估报告，应该知道哪个是我写的。我只是想向您说明很感激您做的演讲。只是那个话题不是我想听的。”我问他为何还会坚持坐在那儿听完。他说自己将听报告当成一种放松，是有意而为之，并在报告过程中结交其他的参与者。他走后我的感觉稍微好过一点。他确实从中有所收获。

说明：

1. 将参与者分为 2 人一组。
2. 向参与者说明这项活动有助于了解同伴想从本次会议中获得的内容。

3. 发放“事已至此”活动列表。每组成员有 2 分钟时间进行互访并写下获得的信息。

4. 互访和信息收集结束后，让每位参与者向所有参与者说出自己从上述步骤中获得的自己同伴的姓名和其他信息。

活动变化：

1. 可以根据所要讨论的话题和参与者的个人经历制定个性化的采访问题。

2. 活动结束时向每位参与者提问，“为什么你的同伴会成为本次会议的参与者？”

3. 如果参与者人数过多，可以跳过步骤 4。

提示：

可以根据情况自行决定让参与者对列表的哪个部分进行报告——2、3 或 4——并将捕捉到的信息记录在活页纸上。

备注：

“事已至此”活动列表

姓名 ____________________

被访者姓名 ________________

1. 请陈述自己的姓名、供职公司、目前的职位及在这个职位上工作的时间。

2. 您来参加本次会议的目标是什么？

3. 您认为自己和其他参与者能从本次会议得到什么收获？

4. 在本次会议中您有哪些自身优势？

5. 您的哪些倾向会阻碍您最大限度上从本次会议中获益？

6. 您可以为本次会议做什么贡献？

7. 我可以从哪方面帮助您在本次会议中达成目标？

我发现

目的：会议开始节目；队伍建设；引入话题；调剂冗长、枯燥的演讲
小组人数：10 ~ 20 人
体力活动等级：低
估计时间：每次 2 ~ 3 分钟
道具：无

在本项活动中，参与者为"发现"某些行为及活动需要更加专心参与。当一组参与者已经开始专注某种行为时进行本项活动效果最佳，比如一组正在为会议制定一些基础规则，另一组正在完成认可度及奖励项目，或管理者正在思考如何做出具体而常规的正面反馈。

> 几年前我郑重决定，一旦发现有人做出令我欣赏的举动就公开告知。下面是一些简单的例子：结账前台的服务员和蔼可亲；某位家庭成员让我开怀大笑；我的丈夫对某位身处困境的人深表同情；同事对工作项目表现出极大热情。没有任何人会拒绝赞美，我也比原来更乐于正面思考。这是个双赢互惠的举动。

说明：

1. 参与者在会议进行中要留心观察团队中的成员提出过哪些有助于会议顺利进行的想法；仔细倾听其他参与者的发言；做出反馈；提出相关问题；赞美某位参与者；或做出任何流露出安慰、学习及享受的其他行为。

2. 在会议进行中每到一定时间就停下来，带领参与者进行"我发现"活动，每位参与者都有机会指出其他参与者的姓名及其行为，说明时以"我发现……"开头。比如，可以说"我发现丽萨支持格瑞斯开发新系统的想法，因为丽萨提出了问题并表现出极大的热情"。

3. 可以由组织者说出"我已经发现……"开始，并指出自己注意到的某位参与者做出的正面积极的行为。

活动变化：

1. 可以将侧重点转移到参与者做出的行为而不提这位参与者的姓名，依然

以“我发现……”开头。

2. 将参与者按照 2 人一组进行分组。每隔一段时间就以组为单位进行“我发现”活动。

提示：

组织者也要参与本项活动，并说出自己发现的情况。

投掷球

目的：会议开始节目；引入话题
小组人数：6～15人
体力活动等级：高
估计时间：持续进行
道具：弹性橡胶球，沙包或其他质地柔软的可投掷物品

在本项活动中，参与者要将球投掷给有想法和点子与大家分享的那位参与者。本项活动有助于在开启会议话题及收集观点的时候激发参与者提出不同的想法。本项活动还有利于整体控制讨论的进程并提醒参与者尊重别人发言的完整性。

> 我要好朋友的家庭氛围非常宽松，在他们家大家只要有想法需要表达就可以随时插入别人正在进行的谈话中。在他们家插话是得到允许甚至是获得尊重的。那天晚上我用了多半的时间努力跟上谈话的进程。如果想要插话，所说内容的头几个字是非常重要的，因为可能有人整晚都没得到过说话的机会。我丈夫那晚就一直努力想插话。一开始他完全没有机会开口。后来他对那次聚会的独特贡献就是开启话题让其他人继续讨论至结束。

说明：

1. 向参与者说明在会议或活动进行中他们会被点名表达自己的观点或提出想法。这样被点到的参与者自然会更倾向于思考自己将要发言的内容，而停止仔细倾听别人的发言，这样就对参与者的沟通造成了精神或语言上的中断。

2. 向参与者说明，为了确保各种想法和观点都能得到全面彻底的表达，参与者要不断地将球进行传递投掷。得到球的参与者要进行发言。当持球参与者发言时，其他参与者不得插话。当持球参与者发言完毕，下一个接到球的参与者再发言。小球会在小组成员之间来回传递，直到参与者的想法枯竭或组织者发出停止的信号。

活动变化：

1. 可以让参与者在发言结束后将球传回给组织者，以确保组织者将球传给不同的参与者来发表不同的观点。

2. 每当需要倾听观点或想法时，让参与者拾起球并开始投掷。

提示：

可以在每张桌子上发一个小球，该组就可以自行进行该项活动，每当有人要发言，就投掷小球至那名参与者。

讲故事时间

目的：引入话题；会议开始节目；放慢节奏或轻松一下；调剂冗长、枯燥的发言

小组人数：8～600 人

体力活动等级：低

估计时间：3～5 分钟

道具：无

在本项活动中，参与者要聆听别人讲故事，并在故事讲完后做出评论。在会议或活动进行中，本项活动适用于介绍一个新话题、进行调剂或激发想法，也可以引导参与者与其他人分享想法。

> 大家都喜欢听睡前故事，即使并不是真的准备睡觉了。我发现只要在会议进行中讲故事，大家不是被感动就是被快乐感染。每当我讲了一个小故事后，总会有人走上前来和大家分享其自身的一些小故事，无一例外。他们一般会说，“你刚才说的那个小故事，我也经历过类似的情景……”

说明：

1. 选择一个与会议或活动相关的小故事或逸闻趣事。
2. 向参与者宣读这个小故事。
3. 讲完故事之后，让参与者对该故事进行补充。

活动变化：

1. 讲完故事后，让参与者与其同伴或小组成员分享对这个故事的感受。

2. 如果讲故事的目的在于介绍一个新话题，讲完故事后让参与者与其同伴或3人小组的成员对该话题和相关素材进行讨论，并与其他参与者分享讨论结果。

提示：

1. 事先练习如何讲述目标故事。为保证故事不至冗长，适当删减不影响故事发展进程的部分。

2. 在讲述故事时，讲述者要注意声调的变化。

备注：

调音

目的：会议开始节目；热身活动；队伍建设

小组人数：6 ~ 30 人

体力活动等级：高

估计时间：10 分钟

道具：交响乐音频资料（自选）

使参与者进行“调音”并“各就各位”，准备进行本项轻松的角色扮演游戏。本项活动既可以作为会议的开始节目，也可以作为会议的一种调剂。

> 在观看交响音乐会的时候，我最喜欢的部分是在演出正式开始前乐团成员们“调音”的部分。当某种乐器发出的有碍和谐的音调戛然而止、继而安静，就会产生一种戏剧性的效果，其后就会听到整个乐团激情迸发出那种和谐至极的乐曲声（当然，除非该乐团演奏的是斯特拉文斯基的乐章）。

说明：

1. 向参与者说明，在音乐表演之前，大多数的演奏者都会先进行调音的步骤。“步调一致”也是一个耳熟能详的说法。但是大凡有所成就的演奏者都不满足于此，因为乐器本身也需要通过调试才能步调一致。

2. 让参与者想象一个由多种乐器组成的交响乐团。让参与者从众多乐器中选择自身喜欢的，并将自己想象成为演奏那种乐器的音乐家。

3. 让这些“音乐家们”起立并做好演奏乐器的准备工作。参与者可以随时进行热身准备，但要留意会议组织者发出的停止信号，当组织者手臂向下，做出如同指挥家的重拍手势时，参与者就停止热身准备开始演奏乐器。

4. 所有“音乐家”有 1 ~ 3 分钟时间进行热身活动。当组织者抬起手臂就是停止热身活动的信号（想象手中握有指挥棒），并在 30 秒后将手臂下压做出重音手势，发出演奏开始的信号。

5. 让参与者进行大约 1 分钟假象式的演奏，然后做出手势让其停止。

6. 向参与者说明，如此大家已经步调一致、同心同德，可以正式进入会议阶段了（或者会议的下一个阶段）。

活动变化：

1. 可以让参与者先集中于会议室的一边，留出特别的通道通往各自的座位。
2. 可以指定各位参与者演奏的乐器类型。

提示：

1. 在活动正式开始前先播放一段交响乐的音频作为预热活动，再开始上述活动流程。

2. 可以为参与者提供一张乐器类型列表以激发参与者提出各种各样的想法。

备注：

时事要闻

目的：精神有氧操；队伍建设；纯粹娱乐；调剂冗长、枯燥的演讲；会议开始节目

小组人数：5～20 人

体力活动等级：低

估计时间：2～5 分钟

道具：当日报纸

本项有关于当前时事要闻的活动充满悬念，参与者要创建附带答案的、有关时事要闻的问题列表。本项活动适用于会议或活动进行中的任何时间点，既有助于参与者的精神放松，也可以激发各组的竞争精神。

> 最近世界上发生了什么大事？我从家庭中学会了这句话，但是我相信其他家长和教师也会使用这句话。

说明：

1. 写出 8～12 个有关于会议当天世界时事要闻的问题，并配备相应的回答。
2. 向参与者说明，大多数人获取时事要闻的渠道不是听广播、看电视，就是读报纸。
3. 向参与者说明，本项活动为其提供机会彰显自身在时事要闻领域的知识。
4. 向参与者说明，组织者将读出某一回答，如果某位参与者知道答案，可以举手回答。
5. 开始本项活动。

活动变化：

1. 可以将参与者分成 2 人一组或小组，共同思考问题的答案。
2. 可以将本项活动设置为竞赛性质。
3. 在每次活动间歇，将写有问题答案的纸反面向上放在各组桌子上。

提示：

以小组竞赛的形式开展本项活动有助于提升活动的趣味性。

201 ICEBREAKERS

精神有氧操

波段

目的：队伍建设；精神有氧操；纯粹娱乐；引入话题

小组人数：4 ~ 20 人

体力活动等级：中

估计时间：8 ~ 10 分钟

道具：每组一份广播波段名称列表

本项破冰型活动中，参与者需要以 2 人组为单位为各种广播波段名称创建相应的含义，即对波段名称进行前所未有的文字意义破解。本项活动是在会议及活动的任何时间开展，都会引发参与者极大的参与兴趣。

> WII FM——这个简写对我来说意味着什么呢？这是当今的公司组织内最为常见的一个问题。当然，这种问法与约翰·肯尼迪的那句至理名言有所不同，“不要问这个国家能为你做些什么，想一想你能为这个国家做些什么。”

说明：

1. 将参与者分为 2 人一组。

2. 让参与者用 3 分钟时间与同伴分享自己最喜欢的广播波段及原因。

3. 让所有参与者思考，自己是否知道最喜欢的波段名称，名称的意义及为何会有这种意义。

4. 向每组发放广播波段名称列表。

5. 为了达成本项活动的目标，让参与者假设自己并不知道所收到的波段名称所代表的含义。

6. 向参与者说明，本项活动中他们的任务就是和各自的同伴合作，在 5 分钟内，从该列表中选出比较喜欢的广播波段名称，并为所选的波段名称创建相应的含义。比如，WII FM 可以破解为“有什么内容适合我”（What’s In It For Me），而 WETA 则可以破解为“白象鼻区”(White Elephant Trunk Area)。

7. 5 分钟之后，让各组与其他组分享各自的答案。

8. 在休息间歇，让参与者将各自创建的意义解读写在列表上。再将列表张贴在醒目易见的地方。鼓励参与者不断对该列表进行添加。

活动变化：

1. 让参与者说出各自家乡当地的广播波段名称。继续本项活动，让参与者从共同创建的意义解读列表中找到与家乡广播波段相匹配的意义解读。

2. 让参与者创建自己的广播波段名称，并对其进行意义解读。

3. 让参与者使用最近公司内部发生的事件对广播波段名称进行解读。

提示：

1. 可以查阅电话黄页本来查找各种类型的当地广播波段名称。

2. 可以在活动进行中播放电台音乐。我个人认为巴洛克类型的音乐最适合集体讨论（Wire Baroqne Best for Brainstorming And Musice——WBBB AM）。

备注：

观点进化

目的：引入话题；更了解你；队伍建设；精神有氧操；适用于非破冰类型参与者；调剂冗长、枯燥的发言

小组人数：5 ~ 40 人

体力活动等级：中

估计时间：3 ~ 6 分钟

道具：每位参与者一张“观点进化”活动列表

在本项独一无二的集体讨论活动中，参与者将对他人的观点进行扩展和评论。本项活动既有助于为达成某项目标或解决某个问题收集观点，也有助于参与者的精神放松，还可以增进参与者之间的相互了解。针对一些以目标为主导的参与者，组织者可以将问题设置得更加具体一点。

> 我个人认为想法这个单词是个名词所有格：如果一个人没有自己的想法，那么其提供的想法一定不尽如人意；而当一个人很有想法，最好也不要和其他人进行分享，因为其他人很可能会将其据为己有。

说明：

1. 将参与者分为 5 ~ 6 人一组。
2. 向参与者说明，本项活动的目标旨在让参与者共同创建各种不同的想法。
3. 向每位参与者发放“观点进化”活动列表。
4. 解释规则。

- 每位参与者在列表的上方写出自认为有利于公司发展的目标。本步骤应该在 30 秒内完成。
- 时间到，每位参与者将自己的列表传递给右边的参与者。该名参与者在 20 秒的时间内在前者观点的基础之上进行补充和扩展。
- 本项活动依照上述流程进行，直至每张列表传递至其原始所有者为止。
- 由每张卡片的原始所有者向其他参与者读出列表上的内容。

5. 开始本项活动。

活动变化：

如果组织者了解公司或团队最近正在完成的某项任务（如加强劳动力或网络整合），就以此为大方向制定一个相对笼统的主题，让参与者创建各自的观点。

提示：

1. 参与者是否来自相同的工作部门或工作地点无关紧要。不论如何，参与者会从本项活动中获益匪浅。

2. 鼓励参与者记下任何观点，尤其是那些在日常聊天中会谈论的内容，比如“如果公司中还有聪明人，就应该……”

备注：

“观点进化”活动列表

主题：______________________________

Ⅰ.

A.

1.

2.

3.

B.

1.

2.

3.

C.

1.

2.

3.

Ⅱ.

A.

1.

2.

3.

B.

1.

2.

3.

C.

1.

2.

3.

Ⅲ.

A.

1.

2.

3.

B.

1.

2.

3.

C.

1.

2.

3.

趣味寓言

目的：引入话题；纯粹；分组；精神有氧操

小组人数：8 ~ 20 人

体力活动等级：中

估计时间：8 ~ 10 分钟

道具：“趣味寓言”活动列表；影印的寓言故事

本项活动旨在让参与者通过幽默有趣的方式来描述生活的现实层面。本项活动既有助于调剂会议氛围，也有助于参与者避免想当然的思维方式。

> 小时候，父母给我买了一本《伊索寓言》，我一直爱不释手。我觉得自己对于小动物的喜爱也是源自于此。随着年龄的增长，我对寓言故事的喜爱也随之加深，与此同时（多亏了《伊索寓言》）还养成一种讽喻式的幽默感。讽喻一般是指那种冷幽默或讽刺性幽默，比如，那种有着出人意料结局的短篇小说。

说明：

1. 将参与者按照 2 人一组为单位进行分组。
2. 向每位参与者发放“趣味寓言”活动列表及影印的寓言故事。
3. 大声朗读寓言故事。
4. 向参与者说明，每组有 5 分钟时间选择两篇寓言故事进行阅读，并对其进行讽喻性解读。
5. 5 分钟后，让每组参与者大声朗读所选择的寓言故事，以及他们对其进行的讽喻性解读。

活动变化：

1. 还可以将参与者按照每 3 ~ 5 人一组为单位进行分组。
2. 选取不带有道德说教部分的寓言故事，让各小组自行对寓言故事进行道德解读。
3. 让参与者以短剧表演的方式呈现一个寓言故事，并添加上他们原创性的讽喻性解读。

提示：

选择参与者耳熟能详的寓言故事。为了掌握更为丰富的资料来源，可以参考影印本的《伊索寓言》。

备注：

“趣味寓言”活动列表

你是否听过太多次《狼来了！》的故事？还有那个有关于城市老鼠与乡村老鼠的故事——让我们不禁想起知足常乐的道理。如果有人说起“外表不可信”，那他们很有可能参考了《披着羊皮的狼》这个故事。《伊索寓言》中包含了许多有关于动物的故事。寓言就是那些以有趣而幽默的故事形式传达道德伦理的传说或传奇。

首先，浏览下述《伊索寓言》中著名故事《龟兔赛跑》的简要大纲，再阅读我们提供的正解道德伦理及恶搞式的道德伦理。然后阅读会议组织者指定的寓言故事，按照上述步骤自行确定该寓言故事的正解道德伦理及恶搞式的道德伦理。

龟兔赛跑

常规意义上，乌龟是一种行动迟缓、性格迟缓的动物，从不会表现得很匆忙。而兔子在人们印象中是一种行动迅捷、精力充沛的动物，能快速地从一个地方到另一个地方。某天天气晴朗，农庄中的兔子向乌龟提出挑战进行赛跑。由于乌龟性格温和，就接受了这次挑战。他们制定了赛跑的起点和终点，并开始赛跑。乌龟慢慢地探出头来环视农庄，然后直接向终点线出发，而兔子很快就超越了乌龟。当兔子大幅度地领先，甚至已经跑出了乌龟的视线时，兔子决定抄一条森林里的近路，再利用节省出来的时间小憩一下。兔子的意图很明显，就是让农庄上所有的动物都知道，即使是自己睡了一觉还是比乌龟跑得快。但是兔子不想因为胜出过多而招致怀疑，所以选择在靠近终点线的地方小憩。兔子的如意算盘是当乌龟靠近的时候醒来，然后以微弱的优势赢得比赛。不幸的是，兔子醒来的时候正好看见乌龟穿越终点线的一幕。如伊索所言，“沉重缓慢的那个最终赢得了比赛”。

这个故事告诉我们：

- 持之以恒、仔细认真的努力工作最终一定会成功完成任务；
- 要小聪明永远不会成功；
- 不要盲目自信或者过度自大；

恶搞式的解读：

- 不要和乌龟式的人物比赛；
- 不要和比自己聪明的人比赛；
- 如果认定自己会赢，自己就押一些赌注；

- 如果决定胜过某人，一定要有第三方全程关注比赛的进程，以免对手从中使诈；
- 要小聪明也行，只要能真的按部就班的实施诡计并从不放松戒备，或者小憩。

新闻编辑

目的：精神有氧操；纯粹娱乐
小组人数：6～12人
体力活动等级：中
预计时间：3～5分钟
道具：“新闻编辑”活动列表的幻灯片；每位参与者一篇报纸文章

大家都乐于篡改他人的写作，本项活动就向参与者提供了这样一个机会。本项活动有助于为喜爱接受语言挑战的参与者提供精神调剂。

> 报纸的选择透露出其读者的品位。比如，《纽约时报》、《华盛顿时报》、《华尔街日报》、《华盛顿邮报》及各种社区报纸都有自己的固定读者群。除了板式、社论、特约记者、分类广告、体育版及信息栏图素外，还有许多因素决定哪种类型的人会成为一份报纸的固定读者。人们选择某份报纸的原因多种多样，如价位、名声、政治倾向及送达服务的质量等。不论具体原因如何，对某些人而言，报纸的重要性不亚于清晨咖啡。

说明：

1. 制作“新闻编辑”活动列表的幻灯片。
2. 为每位参与者发一篇报纸文章，或让参与者自行撰写文章。
3. 向参与者说明，“新闻编辑”作为一种精神调剂活动旨在激发其从不同角度思考问题，这也是参与者在各自的工作岗位需要做的。
4. 演示“新闻编辑”活动列表的幻灯片。组织者需要指出所发文章是为新闻编辑活动服务，即打乱原文章中词语的排列顺序，将其重新编写为一个全新的故事，并大声朗读出来。
5. 指导参与者默读目标文章。大家了解了文章大意后，开始进行新闻编辑的工作——作为一种趣味活动。
6. 参与者完成编辑后，让每位参与者先向其他参与者说出原文的大意，再读出所编写的新闻。

活动变化：

1. 向每位参与者发放相同的文章，对其进行新闻编辑。然后倾听经过编辑后不同版本的文章。

2. 向参与者说明，其编辑的新闻应该与公司事务产生关联。

提示：

1. 在选取报纸文章时要考虑到趣味因素，以激发参与者的热情。

2. 本项活动适用于进行组织结构变更之前。

“新闻编辑”活动列表

1 号新闻编辑

纽约，3 月 31 日——布莱恩特公园的水仙花经过近日的雨雪天气萌发新芽。由于冬季尚未结束，至少现在看来没有结束的迹象，今年春天的到来似乎又要延迟了。

时尚界，怀旧风似乎永远不会让位给现代立体剪裁。

2 号新闻编辑

纽约，3 月 31 日——布莱恩特公园的水仙花经过近日来的雨雪天气萌发新芽。由于冬季尚未结束，至少现在看来没有结束的迹象，今年春天的到来似乎又要延迟了。

时尚界，怀旧风似乎永远不会让位给现代立体剪裁。

定稿

纽约，3 月 31 日——雨雪天气中的水仙花在时尚界不会让位于现代立体剪裁。

矛盾修饰法

目的：精神有氧操；纯粹娱乐；引入话题
小组人数：6～20 人
体力活动等级：低
估计时间：2～3 分钟
道具：活页纸；马克笔

在本项活动中，参与者需要通过集体讨论列出一些矛盾修饰法。本项活动旨在增添幽默感，并使参与者进行精神放松进而充满活力。

> 淡红色，这是一款高饱和度哑光炫目的口红标签。有些自相矛盾？对比烈焰红唇彩的标签就不觉得了，因为烈焰红唇彩的标签上写着“牢固唇色，永不褪色”。

说明：

1. 在活页纸上列出一些矛盾修饰法。
2. 向参与者说明，矛盾修饰法就是由两个意思相反的词语组成的短语。举例说明，如“非常丑陋”及“军事情报”。
3. 让参与者说出一些矛盾修饰法并将其记录在活页纸上。

活动变化：

1. 让参与者根据指定话题或自身的行业，编写一些矛盾修饰法。
2. 将参与者分为 3～4 人一组，列出符合标准的矛盾修饰法并与其他参与者分享。

提示：

将列表张贴起来，这样参与者可以在会议进行过程中对其进行填补。

巴甫洛夫

目的： 精神有氧操；引入话题；队伍建设；热身活动；纯粹娱乐；结束活动
小组人数： 10 ~ 40 人
体力活动等级： 中
估计时间： 5 ~ 6 分钟
道具： 铃铛；糖果或食品奖励；问题或指令

我不确定参与者真的会形成条件反射，但是参与者一定会乐于回答有实质奖励的问题。本项活动适用于项目进行中的任何时间点，有利于加强参与者对信息或概念的理解。

> 还记得《心理学入门》中的巴甫洛夫实验吗？即通过反复强化的技巧训练动物，其运导公式是：
>
> 1. 看到并闻到食品=狗的唾液分泌；
> 2. 看到并闻到食品+铃声=狗的唾液分泌；
> 3. 铃声=狗的唾液分泌。

说明：

1. 将参与者分为 5 ~ 8 人一组，并让各组成员面向桌子上的铃铛，在距离桌子 20 尺的地方站成一排。
2. 指导各小组指定一名跑动选手（或按照巴甫洛夫的说法，对象）。
3. 向参与者说明，他们需要回答一系列问题，各组回答的累计分数将作为竞争食品奖励的依据。
4. 解释规则。

- 各组对组织者提出的问题或指令集体讨论，并给出小组意见。
- 各组做出回应后，其组内指定的跑动选手就跑向桌子上的铃铛，通过摇响铃铛作为抢答的信号，再跑回至小组成员站立的地方。
- 第一个摇响铃铛的小组获得优先回答问题的机会。如果该组回答正确，计 1 分。
- 如果该组回答错误或阐述得不够详尽，优先回答问题的机会就给第二个摇响铃铛的小组。

- 直到某个问题的回答足够正确且详尽，本轮游戏结束。做出正确回答的小组计 1 分。

5. 当组织者提出 20 个问题或指令后，游戏结束，各组统计得分。

6. 向获胜的小组颁发食品奖励，对所有参与者给予精神奖励——这也是一种条件反射式的训练。

活动变化：

1. 向每组发放数量相等的问题。
2. 每当一组获得 1 分，就向该组成员发放糖果。

提示：

1. 选取趣味性的铃铛，如牛铃。
2. 选取一些趣味性的问题，如有关会议参与者的问题。

备注：

恐惧症

目的：精神有氧操；引入话题；纯粹娱乐

小组人数：10～40 人

体力活动等级：低

估计时间：5～7 分钟

道具：活页纸；马克笔

在本项活动中，参与者需要以一种幽默的方式指出并面对自己恐惧的事物，尤其是那些从未公开的恐惧点。本项活动既可以在项目进行过程中起到精神和情感调剂的作用，也可以用来引导一些会引起恐慌的话题，如公司组织结构的变动。

> 最近我读了一本很有趣的书，书中介绍了各种恐惧症及其相关的定义。在通读该书后，我意识到还有很多我个人亲身经历过或亲眼目睹过的他人所展示出来的恐惧症表现都没有被提及。比如，担心自己在晚上吃过多零食而早早刷牙，但是难免还是会吃些东西从而刷两次牙。还有担心牙医发现自己因为害怕牙龈出血而没有使用牙线。这些恐惧无法不令人信服，因为大多数人都是在临睡前的 5 分钟才刷牙。而且（实事求是地说）是否大多数人使用牙线的时间周期都与其看牙医的时间周期相吻合？

说明：

1. 将参与者分为 3～5 人一组。

2. 向参与者说明，虽然如今已有名目众多的恐惧症，但是一定还存在一些从未被提及的症状。

3. 举例说明恐惧症，让参与者举手表决是否听闻过此种恐惧症。

4. 向参与者说明，每组有 3 分钟时间共同创建那些从未被命名的恐惧症列表。组织者可以举例说明，如食草昆虫恐惧症，即惧怕赤脚在草坪上散步，担心被隐藏在叶片上的蜜蜂蛰到。

5. 指导各组记录下那些恐惧症及其表现。

6. 3 分钟后，让各组对其列表进行报告和阐述说明。

活动变化：

1. 在进行整体交流之前，让各组成员选取一种恐惧症进行阐述说明。
2. 可以选取工作恐惧症作为主题。

提示：

1. 尽量保持活动氛围的轻松感。本项活动并非真正意义上的心理治疗课程。
2. 不要对参与者的恐惧症冷嘲热讽。
3. 恐惧症的常见例子——恐高症，害怕身处高处；密闭恐惧症，害怕身处密闭空间；爬行动物恐惧症，害怕蜘蛛。

备注：

广播之城

目的：队伍建设；精神有氧操；引入话题；纯粹娱乐
小组人数：8～40人
体力活动等级：低
估计时间：5～10分钟
道具：每位参与者一张“广播之城”活动列表；每组一张“广播之城”活动列表

在本项活动中，参与者分享各自喜欢的广播电台及调频名称。本项活动充满了创造性，使参与者有机会创作有关其公司的表演，还有助于带动团队士气，尤其适用于午餐后那段尴尬的时间段。

> 全美公共广播电台（NPR）是我最喜欢的一个广播电台。周六下午时间段的节目有《汽车私语》及《牧场之家好做伴》——这是一档上得了台面、不宣扬暴力、不使人反感、充满乐趣，有时甚至励志的节目。广播节目有种怀旧味道，它让人们回想起与家人和朋友围坐在火炉边收听《魅影奇侠》或《阿莫斯与安迪》的那些时光（我的个人经验如此）。

说明：

1. 将参与者分为4～8人一组。
2. 让参与者说出一些自己喜欢或熟悉的非音乐类广播节目。
3. 邀请参与者与组织者一道回忆一些广播节目。
4. 向参与者说明，每组有5分钟时间设计一档可以在黄金时间播出、拥有大量听众的广播节目。
5. 向每位参与者发放一张“广播之城”活动列表；另外再向每组发放一张“广播之城”活动列表用来填写该组的集体意见。
6. 说明每组应完成一份最终活动列表，但每位组员也要将想到的节目想法填到自己的活动列表里。
7. 10分钟后，邀请每组轮流与其他小组进行分享。

活动变化：

可以规定各组所设计的广播节目主题必须与公司事务相关。

提示：

1. 可以低音量地播放一些广播节目作为活动背景。
2. 可以在各组的桌子上摆放一些广播节目的纪念品。

“广播之城”活动列表

广播之城

节目名称：
节目类型：
节目时间（时长）：
播放时间（日期，时间）：
节目主持人：

节目赞助商（广告商）：
节目介绍：

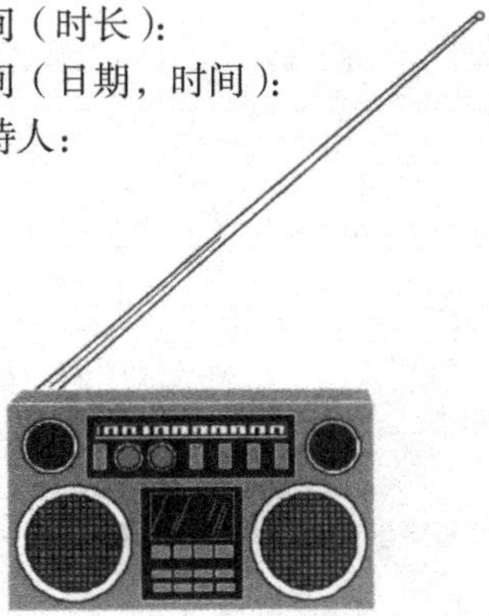

广播之城

节目名称：
节目类型：
节目时间（时长）：
播放时间（日期，时间）：
节目主持人：

节目赞助商（广告商）：
节目介绍：

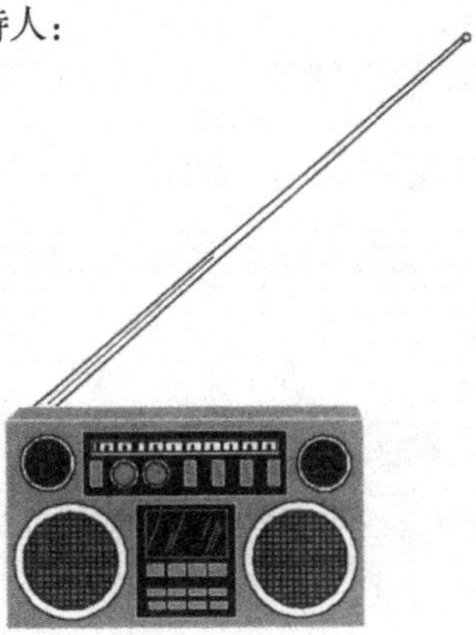

花语

目的：精神有氧操；队伍建设；纯粹娱乐
小组人数：6～24 人
体力活动等级：低
估计时间：2～4 分钟
道具：纸；笔

在本项活动中，参与者需要集体讨论出现在流行音乐、诗歌或电影名称中的花。本项活动功能在于使参与者得到精神调剂，也可以在会议开始时或休息间歇后调剂各成员的情绪以激发其参与热情。

> 花是我们沟通时最为常见的方式之一。献花可以表达的情感有：谢谢邀请；感谢您的帮助；生日祝福、母亲节祝福、情人节祝福、光明节祝福、土拨鼠日祝福、祝贺新工作、新生儿、升职；恭贺乔迁新居；歌颂友谊、爱情；抱歉；思念；我爱你；我没空陪你，用鲜花表达陪伴。

说明：

1. 将参与者分为 4～5 人一组。
2. 解释规则。

- 参与者在 2 分钟内列出那些名称中含有花的名人名言、短语、歌曲、书籍、戏剧或电影。例如，歌曲《我从未答应为你建造玫瑰园》。
- 尽量不要使用专有名词，如紫苑街。

3. 2 分钟后，倾听各组的报告。

活动变化：

让参与者以个体或小组为单位，以竞赛的形式开展本项活动。

提示：

本项活动尤其适用于春季，因为那时大家都在考虑种植花草的问题。

街头智慧

目的：更了解你；引入话题；精神有氧操；纯粹；队伍建设

小组人数：8 ~ 40 人

体力活动等级：中

估计时间：6 ~ 8 分钟

道具：无

本项活动的认可度非常高，因为每位参与者要在本项活动中回想一些街道的名称，其中还有一些竞争因素。本项活动有助与参与者相互了解，有助于引入一项回忆或集体讨论的活动，也有利于在午餐后调剂参与者的情绪。

> 我丈夫的叔叔克莱德住在圣安东尼奥罗海德道与巴克伯德道的交汇处附近。这个地址令人印象深刻。

说明：

1. 将参与者分为 3 ~ 6 人一组。
2. 向参与者说明有些街道名称在不同城镇甚至是国家被反复使用，而有些街道名称非常具有原创性。
3. 解释规则。

- 每位参与者用 1 分钟时间列出自己曾经居住过的所有街道名称，或如今居住地的一些街道名称。
- 各组用 1 分钟时间整合各个组员的列表，以形成一份小组列表，但是该份小组列表中的街道名称不能有重复。
- 各组再对小组列表进行信息添加，但是组员必须能够说出所添加的街道名称在哪个位置。
- 最终所列出的街道名称数量最多的小组获胜，最好是所列出的街道名称饶有新意。

4. 活动开始，让各位参与者以最快的速度开始列街道名称。
5. 1 分钟后，让参与者与各自小组的成员一道，将各自的街道名称列表整合成一份小组列表。
6. 1 分钟后，让各组在 1 分钟内完善和补充各组的列表。

7. 1 分钟后，让各组朗读各自的列表。

8. 向参与者说明，当一个小组在朗读本组的列表时，如果其中有街道名称与自己小组列表中的内容重合，要说“街头智慧”。所有其他小组都要将这个过于普通的街道名称从列表中划掉。

9. 各组朗读各自列表结束后，参与者需要统计出各组列表中现存的街道名称数量，并按照每个街道名称 1 分进行计分。

10. 再次让每组朗读各自的列表。其他小组成员如果对哪个街道名称的真实性存在质疑可以发表意见，正在朗读列表的小组成员就要指出名称受到质疑的街道地处何处。如果该组成员能说出该街道的具体地址，提出质疑的小组就要被扣掉 1 分。相反，如果该组成员无法指出该街道的具体地址，则要从小组的分数中扣掉 2 分。

11. 统计各组得分，并公布获胜的小组。

活动变化：

可以将本项活动作为以参与者个人为单位进行的竞赛。

提示：

按照上述程序开展本项活动，不要提前告知参与者他们需要把与其他人重合的街道名称划掉。

备注：

拼字狂人

目的：热身活动；精神有氧操；队伍建设；引入话题；结束活动
小组人数：24～100 人
体力活动等级：高
估计时间：2～4 分钟
道具：每位参与者发放一张尺寸为 8.5 英寸×11 英寸的字母表；信封

本项活动中，参与者通过重组所收到的字母卡片进行组字游戏。本项活动纯粹为了进行调剂，使参与者提升热情并活跃起来。尤其适用与那些精通文字的参与者。

> 七年级的时候，我痛失拼字比赛的冠军，本来我拼对了但后来又改错了一个词，那就是“风湿病”(rheumatic)。在那之后的几周时间里，痛失冠军的事情一直在我脑海里出现，挥之不散，很长时间后我才走出那件事的阴影。也许那对我觉得自己已经不在意了。当我读八年级的儿子罗恩在一次纽约州拼字比赛中，完成了众多生僻词的拼写，却因为拼错了一个非常简单的单词而与冠军失之交臂的时候，我的噩梦又回来了。

说明：

1. 在会议开始之前，向每组发放装有相同字母的信封，保证每人有一个字母，另外还有至少 4 个元音字母。
2. 将参与者分为 12～16 人一组。
3. 向每组发放装满字母的信封，保证每组的各个成员至少每人一个字母。
4. 让参与者转移到一个可以自由走动的开阔场地。
5. 每组向各自的组员分发一个字母。
6. 每组之间要进行相互竞争，游戏规则如下。

- 组织者说出一个事物类型。
- 各组成员准备拼写属于该类型事物的一个单词，成员按照单词字母顺序排列站立。
- 每次拼写一个单词时，不必用上全部字母。

- 最快站队形成正确单词的小组获胜。

7. 让参与者通过拼写人名进行演练。
8. 组织者每次发出指令可依据下述事物类型。

- 组成花的名称；
- 组成游戏名称；
- 组成歌曲名称；
- 组成糖块名称；
- 组成一个用小组各成员所持字母可组成的最长的单词。

9. 每完成拼写一个单词，就宣布该轮获胜的小组。

活动变化：

1. 如果参与者的总人数不多于 20 人，可以集体进行本项活动。
2. 可以使用与会议主题或商务相关的事物类型。

提示：

可以在会议进行中不定期的开展本项活动。

备注：

造字游戏

目的：精神有氧操；纯粹；适用于非破冰类型
小组人数：8 ~ 40 人
体力活动等级：中
估计时间：3 ~ 8 分钟
道具：每位参与者发放一张“造字游戏”活动列表

参与者通过自行造字以描述从未被界定过的一些生命感受。本项活动可以使参与者进行精神放松，尤其对那些乐于动脑的参与者。

> 大家都说征服某种恐惧的第一步是先为这种恐惧起个名字，我很想知道这种方法是否也适用于战胜沮丧。所以，如果我学会了这种方法，我就要用它来战胜那种超出想象的愤怒、沮丧及烦躁，因为近三年来我每周（甚至更频繁）都会在午餐时间接到一名女士打来的广告电话，还有她所谓的丈夫，虽然不住在这但是一直坚持给我寄广告单，我们中途多次尝试更改电话及地址，都以失败告终。我必须为他们的这种行为起个名字才能从心理上战胜这种恐惧。那么，不如就叫做“骚扰电话消化不良症”吧！

说明：

1. 向参与者说明，字典里的词语并不是非常全面，无法指代或描述出所有的情景、感受及观察到的问题。

2. 向参与者说明，本项活动为其提供机会自行创造一些字词。比如，有人把专门在吃饭时间打来的电话叫做“用餐打扰”（dinner uptions）。

3. 向参与者说明，造字的方法是多种多样的——可以使用字母的排列创造新意思，比如“酷不起来（uncoolable）”（青少年用来形容无法让父母跟上世界变化的脚步产生的苦恼）；可以使用单间合并，比如将打盹（snooze）和舒服（snughy）合并组成“舒服的小憩（snoogly）”（指包裹着毯子蜷缩身体在沙发上睡觉的人）；也可以使用拟声或模拟感受的词，比如“飕飕的（shooshed）”（用来形容在路上疾驰而过的车辆）。

4. 按照每 2 人一组为单位将参与者分组。

5. 向每组参与者发放列表，让其在 2 分钟内根据列表中指定的意思创造词语。

6. 2 分钟后，由组织者依次读出列表中指定的意思，并让各组轮流说出其创造的词语。

活动变化：

1. 如果时间允许，可以让各组自行指定一些意思，然后与其他小组进行交换，再根据所收到列表中的意思创造词语。确保每组成员所收到的列表有所不同，然后互相交流创造的词语。

2. 让参与者投票选出与每个指定意思最为贴近的新造字。

提示：

1. 本项活动的乐趣在于参与者分享自己所创造的词语而非造字的过程。

2. 组织者可以从《单一化》或其他与主题相关的资源中寻找例子。

备注：

“造字游戏”活动列表

为下述情况创造字词：

- 纠纷或冲突爆发前的一刻____________________________
- 咬住棒冰的那一刻牙齿的感受_________________________
- 当一只小狗或新生儿被带到某个房间，房间内人们的反应是___________
  ____
- 刚刚醒来未对周围环境适应的时候____________________________
- 刚刚痛苦完之后的样子_______________________________________
- 忘记做一件事情却想不起来是什么事情的感受___________________
- 累到不想从沙发起来爬上床睡觉的感受_________________________
- 在不饿的情况下因为无聊想吃点零食的感受_____________________
- 非常饥饿却不知道应该吃点什么的感受_________________________
- 有人在路肩上行驶导致交通混乱_______________________________
- 当交通灯转为黄色，决定是快速通过还是停留在路口的感受
  ____
- 正要和家人共进晚餐时响起广告电话的感受_______________________
- 火警或急救信号响起，大家都走出家门观望哪里出了问题_____________
  ____
- 当你发现后面的车似乎无法及时停车时的感受_____________________
- 类似圣诞节、毕业季或生日这种能获得礼物的重大节日之前人们充满激动的期待_________________________________

201

ICEBREAKERS

户外活动

传接球

目的：热身活动；队伍建设；户外活动；引入话题；纯粹娱乐

小组人数：12 ~ 24 人

体力活动等级：高

预计时间：3 ~ 6 分钟

道具：3 个沙滩球

参与者相互进行传接球，使每位参与者都有机会接球并传球——要点在于参与者每次传球的方向必须一致。本项活动适用于任何想要得到放松和调剂的参与者。

> 学习一些杂耍技巧是每个人成长的必经阶段。我现在依然记得两个儿子决定学习杂耍技巧的时间（所幸他们不是决定一起开始学习杂耍）。无一例外的，他们都会选择那种难度颇高的项目进行学习，这是他们长大的一种标志。球类及沙包已经无法满足他们的期待了。在迈向一个成长阶段时，学习如何玩转扔橙子、水球及鸡蛋才是他们追求的目标。

说明：

1. 让参与者相互之间保持一定距离站立起来。
2. 向参与者说明如下规则。

- 本项活动的目标是让参与者按照顺时针及逆时针方向传接球。第二轮让参与者按照上述规则传接两个球。
- 第一个参与者先发球；当团队中的第五个参与者接到球时，再由第一个参与者发出第二个球；当团队中的第五个参与者接到第二个球时，再由第一个参与者发出第三个球。
- 当第一个球传到最后一个参与者时，该名参与者要把第一个球按照逆时针方向再次传回给上一个传球的参与者。并按照相同步骤处理其后传来的球。
- 当每个球都传回至第一个参与者，游戏结束。

3. 练习阶段只传接一个球就可以。

活动变化：

可以用橡胶弹力球、沙包及其他物品代替沙滩球。

提示：

1. 如果传接 3 个球进行得很顺利，可以添加第四个球。

2. 如果参与者在练习阶段传接一个球也有障碍，那么在活动中可以只传接一个球。

3. 在传接过程中有人传接球失误是不可避免的，鼓励参与者拾起球继续传接。如果无法继续，可以从头再来一次。

4. 本项活动的乐趣之一在于顺时针及逆时针传球重合的时候。

沙滩聚会

目的：热身活动；纯粹娱乐；户外活动；队伍建设

小组人数：8 ~ 20 人

体力活动等级：高

预计时间：3 ~ 5 分钟

小道具：3 个沙滩球；向每位参与者发放一张“沙滩聚会”活动列表

这是针对成年人的一种放松。本项活动适用于任何类型的参与者以达到调剂的作用（最好可以在户外进行而不是使用室内会议的形式模拟室外活动）。

> 你是否看到过在校生们课间休息时在操场上游戏的画面？他们发出的声音都是非常愉悦的：笑声、叫喊声、为个人及小组发出的欢呼声、有关游戏规则的争论声、歌声、跳绳时候的击掌声、呼喊名字的声音、匆忙的交谈、球拍击球的声音、球弹落的声音、跳房子的声音。成年人也需要这样的放松。

说明：

1. 将参与者带到室外，让他们围成圆圈站立。
2. 向参与者随机发放带有数字编码的卡片，这样持有顺序号码卡片的参与者就不会相互挨着站立。
3. 向参与者说明如下规则。

- 本项活动的目标是争取让球一直在空中传递而不落地。
- 持有 1 号卡片的参与者在圆圈中间发球，同时喊出 1 号。
- 持有 2 号卡片的参与者立即跑向圆圈中间，击球并喊出 2 号。
- 其他参与者依照所持有卡片的序号依次进行。
- 当持有 4 号卡片的参与者在圆圈中间击球结束后，持有 1 号卡片的参与者发出第二个球，同时喊出 1 号。
- 当共有 3 个球在参与者之间按照卡片序号进行传接后，本项活动结束。
- 参与者必须仔细听击球者喊出的卡片号码，这样可以在其上一个卡片号码喊出后做好接发球的准备。
- 如果中途球掉落在地，应该接球的参与者把球拾起来并再次将球发出，同时喊出自己的卡片号码。

- 按照上述步骤依次完成三个球的传接。最后一名接球者应该在圆圈之外接球。

4. 活动开始后直至每位参与者都接发过那三个球为止。

活动变化：

1. 可以只传接一个球，并让接球的参与者在圆圈中间喊出下一个接球参与者所持卡片的号码。

2. 如果有足够宽广的室内空间，也可以在室内进行本项活动。

提示：

鼓励参与者在击球的时候尽量向高空中抛出，为其后接球的参与者留出足够的时间。

备注：

“沙滩排球”活动列表

1	2	3	4
5	6	7	8
9	10	11	12
13	14	15	16
17	18	19	20

啦啦队

目的：结束活动；热身活动；队伍建设；户外活动；纯粹娱乐
小组人数：10 ~ 50 人
体力活动等级：高
估计时间：3 ~ 5 分钟
道具：无

参与者喜欢加油鼓劲，尤其是为自己所参与的项目或团队加油鼓劲。本项名为“啦啦队”的活动有利于在会议结束后提升团队的凝聚力，还有利于为团队建立一种归属感。所有参与者都会乐于参与到这项活动中来。

> 带领一个啦啦队的经验对人的一生大有裨益。想象一下拉拉队的延伸：指导一个小型的棒球队；推销一种产品；教导新生儿；训练小狗；在困难的时候帮朋友一把；在寒冷的天气里启动自己的车，尽管一次一次的失败……

说明：

1. 将参与者分为 2 人一组。
2. 向参与者说明他们有机会为______________加油鼓劲（由组织者指定目标类型，可以是一个目标，一项技能，某个团队或某个项目）。
3. 为参与者提供加油鼓劲的口号——“好啊，好啊，姐妹们加油，哈……”
4. 让参与者在 1 分钟内创建其后的口号。
5. 1 分钟后，让各组轮流起立，读出他们自编的口号。

活动变化：

1. 可以让参与者以个人或多人小组的方式进行本项活动。
2. 可以不指定加油口号的第一行。

提示：

1. 先由组织者自行创建自己的加油口号作为引例。
2. 向每组参与者提供啦啦球，供其在呼喊自己的加油口号时使用。

备注：

快速推进

目的：热身活动；纯粹娱乐；户外活动

小组人数：48～104 人

体力活动等级：高

估计时间：4～10 分钟

道具：4 个不同颜色的橡胶弹力球、沙滩球、飞盘或气球；向每位网络领导者及活动领导者分别发放一张“快速推进”活动列表。

在本项活动中，当参与者按照某种指定顺序进行传接球时，有助于他们改进精神状态、活跃度及合作精神。本项活动既可以在室内也可以在室外进行，但是如果条件允许最好在室外进行，这样参与者的活动范围加大，传接球的失误概率也会随之增加。

> 我能理解为什么变动在个人压力源列表中居于高位。不论是以显性的还是隐性的方式，我们住在一个区域，就需要创建并界定物质及交际的网络，并以此来支撑我们可以选择的客户、都处在一个健康及生活方式。

说明：

1. 使用“快速推进”活动列表上的图表，让参与者在开阔空间按照网络的形状站立，每位参与者之间保留 3 英尺的距离。指定各网络区域的领导者，比如 A1、B1、C1、和 D1。

2. 向每个区域的领导者发放一个球及“快速推进”活动列表，以使其了解本项活动接发球的规则。

3. 向参与者说明练习轮次的规则。

- 在第一轮传接时，球必须通过传递到达所有的网络区域，即从 A 区至 D 区。
- 活动开始，区域领导者 A1 把球传给组员 A2，A2 再把球传给 A3，依次进行直至 A 区域的所有成员都已经传接过球，球再次传回该区域领导者 A1 手中。
- A1 再将球传给 B 区域的领导者 B1，使球在 B 区域经过同样的传递步骤再次传回 B1 手中；此后 B1 再将球传递至 C 区域的领导者 C1 手中。

- C1 开始在 C 区域进行同样的步骤后将球传给 D 区域的领导者 D1。
- D 区域的传球也结束之后，D1 再次将球传给 A1，并宣告本轮活动结束。

4. 练习轮次结束后，向参与者说明如下规则。

- 本项活动的目标是，A 至 D 区域同时开始传接各自的球，按照上述步骤将四个球传递至每个区域直至每个球分别传回至原来的区域领导者的手中——四个小球传回出发区域的时间也需要一致。
- 为保证达到本项活动的目标，各个区域的领导者需要同时将各自的球传给各自区域的第二个参与者。

5. 反复练习上一个步骤，直至各个区域能够同时开始传球并保证该球最终传回来的时间也能同步。

活动变化：

1. 如果在室内进行本性活动，让参与者传递球，而不要抛球。
2. 以竞赛的形式开展本项活动，第一个收到传回来小球的区域为获胜方。

提示：

如果在室外进行本项活动，最好使用沙滩球或飞盘。如果在室内进行本项活动，最好使用橡胶弹力球或气球。

备注：

“快速推进”活动列表

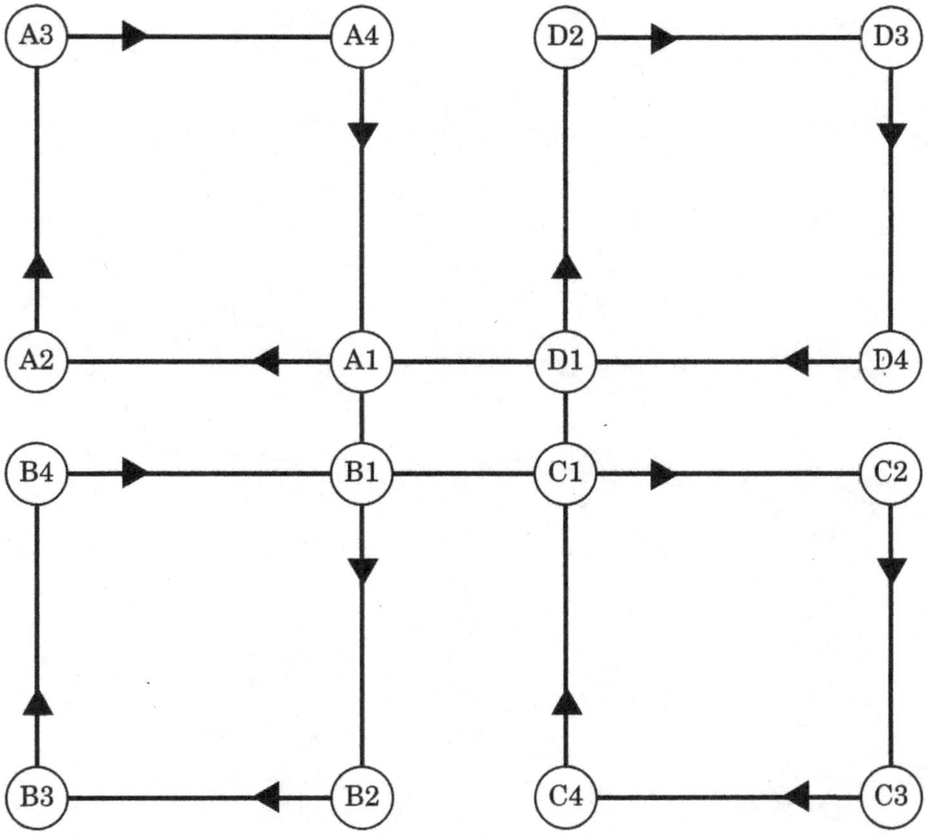

上图中每个圆圈代表一名参与者。每条直线上安排数量相同的参与者以保证其站位正好能组成一个圆圈。向处在图表中心的各组成员发放一个球。练习轮次中，各组可以练习如何在组内传接球。

让参与者按照上图所示位置站立的目的在于让各组能够同时同步传接球，并保证经过跨组传递的 4 个球能够同时传回原点。

每个区域的领导者首先要把各自区域的球传递给各自的 2 号参与者（即 A1 把球传给 A2，B1 把球传给 B2，C1 把球传给 C2，D1 把球传给 D2）。当四个小球在四个不同区域传递完毕，再次传回该区域领导者手中时，各区域的领导者再把球传递给指定区域领导者（即 A1 把球传给 B1，B1 把球传给 C1，C1 把球传给 D1，D1 把球传给 A1）。

图形游戏

目的： 队伍建设；热身活动；户外活动；纯粹娱乐；尤其适用于人数众多的团队

小组人数： 24 ~ 200 人

体力活动等级： 高

估计时间： 5 ~ 10 分钟

道具： 向领导者发放一张“图形游戏”活动列表；每组一套标有数字编号的卡片。

本项活动是高耗能活动，参与者需要通力合作，通过不断变化位置来组成不同的图形。如果参与者本身乐于接受挑战和运动，又有足够的活动场地，可以开展本项活动作为一种调剂。

> 图形，在人生的不同阶段中，我们认识图形、使用图形、界定图形、创造图形、惊叹于图形的作用、使用图形工作、回忆图形带给我们的欢乐、尽力维持图形的稳定性，利用图形完成目标……

说明：

1. 按照每 12 ~ 20 人一组为单位将参与者进行分组。
2. 让每组参与者自行选出其领导者，并向各组的领导者发放一张写有数字的大型卡片。
3. 向参与者说明，现在他们要进行小组对抗赛。组织者会说出一种图形，各组需要调整站位以呈现出那个图形。
4. 可以让各组参与者先尝试组成圆圈进行练习，然后再让各组参与者组成正方形。
5. 向参与者说明，组织者会连续、快速地说出各种图形。最快完成图形组成的小组需要举起该组的数字卡片。组织者会说出该组的号码，并马上说出下一个需要组成的图片。
6. 每次能够第一个完成图形组成的小组获得 1 分，积分最高的小组获胜。
7. 开始本项活动。

活动变化：

1. 可以等各组都完成图形组成后再进行下个图形的组成。
2. 如果参与者的受教育程度偏高，可以尝试让其组成平行四边形或菱形。

提示：

1. 如果参与者人数众多，组织者可以考虑使用麦克风或扬声器，以确保所有参与者都能听清指令。

2. 活动场地越开阔，参与者跑动的空间就越大。

3. 根据参与者的感受确定活动中使用图形的数量。

“图形游戏”活动列表

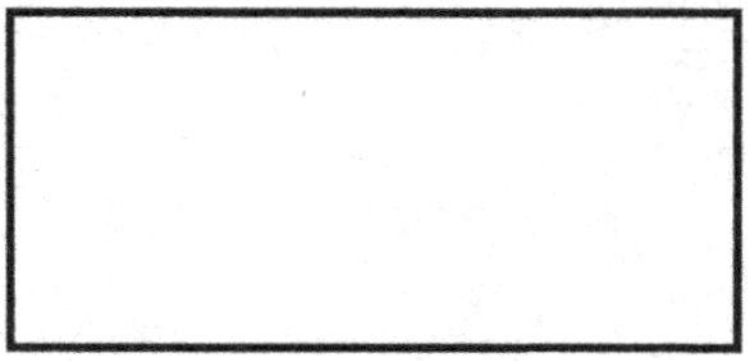

矩形

正方形

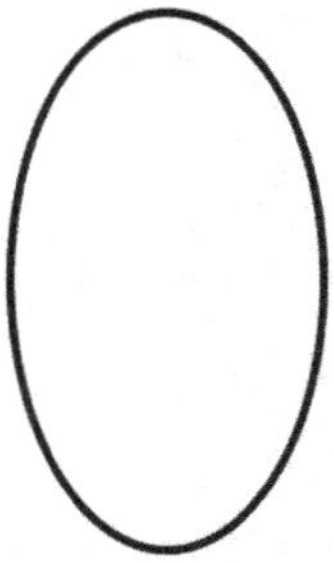

椭圆形

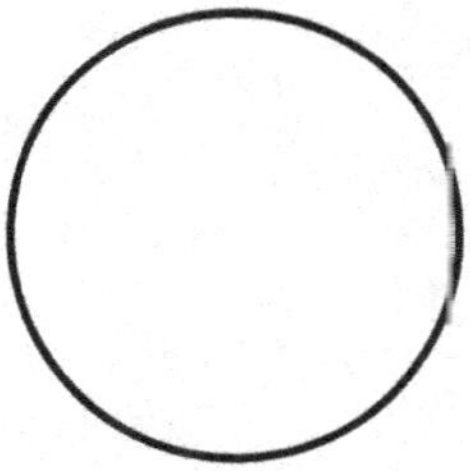

圆形

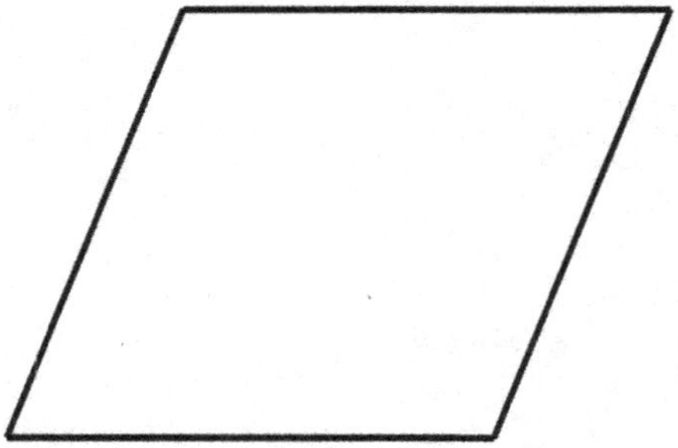

平行四边形

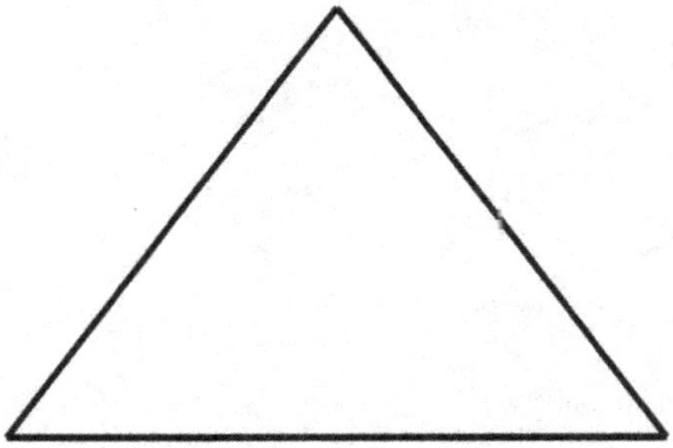

三角形

人形巨浪

目的：户外活动；热身活动；队伍建设；调剂冗长、枯燥的发言；尤其适用于人数较多的情况；纯粹娱乐

小组人数：15 ~ 100 人

体力活动等级：高

估计时间：3 ~ 5 分钟

道具：无

许多人都曾经参与过组成人形巨浪——体育场里的观众们抬高手臂依次起立坐下，犹如海上翻涌的波浪一般，这是一项非常受欢迎的活动。本项活动既可以在室内也可以在室外进行，通过精心设计可以使本项活动非常精巧复杂。

> 多年前，我们都是佛蒙特州立大学山猫曲棍球校队的粉丝。我是那种忠实粉丝——会在零下 20 度的凌晨 4:30 排队等待 9:00 或 10:00 才开始出售的夜间比赛票。那时球队刚刚晋级成功，每场比赛都那么令人兴奋。在播放国歌（我从未在体育场内听清楚过）之前的热身阶段，观众席中就会出现人形巨浪。而我当晚则会辗转反侧，接发球的动作在脑海闪现，耳边会回响观众爆发的欢呼声及进球失败的叹息声，所以我内心的激动之情会一直持续到次日凌晨。

说明：

1. 让参与者面向里围成半圆形站立，组织者站在排尾。
2. 演示常规意义上的人形巨浪，组织者先行提起手臂，并让组织者旁边的参与者依次抬起手臂直至队伍末端的参与者做完这个动作，再由该名参与者将手臂放下，所有参与者依次放下手臂直至组织者也放下手臂。
3. 向参与者说明可以组成多种多样的人浪。
4. 让参与者每次依照组织者做出的动作体验不同形式的人浪。
5. 让所有参与者向右移动一步，同时组织者将手臂绕过头顶伸向右侧。
6. 当这个动作依次做完再次传递回组织者时，组织者可以快速向前迈两步同时将手臂伸向前方。
7. 当这个动词依次做完再次传递回组织者时，组织者可以调整脚步转向 180

度，回转身体至相反方向。

8. 可以通过做出任何不同的动作使活动继续。这一切取决于组织者。尽量让本项活动充满乐趣。

活动变化：

1. 可以指定一名参与者作为领导者，或让各位参与者依次担当领导者的角色。

2. 如果参与者的着装比较合适，可以尝试做一些坐着或躺着的动作。

提示：

尽量使本项活动的氛围充满乐趣，有失误的时候可以大笑、加快速度及表现一些超出常理的动作。

备注：

标尺

目的： 户外活动；热身活动；队伍建设；尤其适用于人数较多的情况；纯粹娱乐

小组人数： 20 ~ 200 人

体力活动等级： 高

估计时间： 5 ~ 10 分钟

道具： 奖品

在本项活动中，参与者需要在没有任何衡量仪器或设备的前提下，凭借自身的能力判断距离的长短，这有利于使参与者得到放松并培养协同合作的技巧。本项活动适用于任何喜欢接受挑战的参与者。

> 你是否“衡量”过同事或者老板所设定的标准？还有家人及朋友设定的？你是否“衡量”过自己为自己设定的标准？有时我们真的为了衡量一些不可能达到的标准（长度）投入了太多的时间和精力。

说明：

1. 在活动场地的任何一边画出一条长约 30 ~ 40 英尺的线（确保距离的长度为奇数，如 29.5 英尺）。
2. 将参与者分为 6 ~ 20 人一组。
3. 说明如下规则。

- 本项活动的目标是让参与者依据合理推断猜测出该条线的准确长度。
- 各组成员可以使用除了格尺、卷尺或标尺之外的任何手段和方法衡量目标线的长度。
- 各组成员有 5 分钟的时间进行长度猜测。

4. 在 5 分钟内，所猜出的长度最接近真实长度的小组获胜。
5. 开始本项活动。
6. 5 分钟后，让各组报告各自做出的猜测。
7. 向获胜的小组颁发奖品。

活动变化：

如果参与者人数过多，比如已经达到 100～200 人，可以将其分成人数较多的大型队伍，并相应地增加目标线条的长度。

提示：

1. 鼓励参与者使用具有创造性的方法猜测目标线条的长度。

2. 各组在猜测长度可以使用各种方法，比如，头脚相接地平躺在地上，利用参与者的身高进行猜测；通过走步的步幅来猜测；通过手臂的长度来猜测等。

3. 每组都有一条目标线。

备注：

201 ICEBREAKERS

热身活动

物品替换

目的：热身活动；队伍建设；纯粹娱乐；户外活动
小组人数：30 ~ 60 人
体力活动等级：高
估计时间：2 ~ 4 分钟
道具：无

在本项活动中，参与者要依据指令排列成目标物体的一部分。本项活动既可以让参与者得到放松调剂，也可以促进人际交往技巧。可以在时间比较长的会议中多次开展本项活动。

> 我认为用餐时间是对组织或集体的所谓共识感最为常见的考验，也许不是。在家庭聚餐时，每当大家在讨论吃点什么简单易做的食品时，总会有人说："那么，我们为什么不直接叫比萨外卖？"不过，选择什么口味的比萨呢？葛兰喜欢意大利辣香肠、蘑菇和青椒，不放黑橄榄；罗恩喜欢香肠、圆葱及多加奶酪；金姆的不放蘑菇；陶德就喜欢那种不放蔬菜的白比萨；我个人喜欢口味淡的少盐比萨。如此这般，在花费了30 分钟讨论选择哪种口味的比萨无果后，我们最终决定叫肯德基的外卖套餐，各选各的口味。

说明：

1. 将参与者分为 10 ~ 20 人一组。
2. 向参与者说明本项活动的名称是"物品替换"。
3. 介绍如下规则。
- 组织者指定一个物品。
- 由各组成员模拟该物品现有的内存物品，重新安排可以替换的内容。
- 为了达到这个目标，每位成员需要选择物品原本的一部分，并站在相应的位置。例如，如果组织者说"比萨"，各组成员就要均匀地围拢成圆形或矩形，并依据各自选择的目标物品站立在图形中相应的位置，如奶酪、意大利辣香肠、青椒、香肠、西兰花等。
4. 活动开始先让参与者进行练习以熟悉活动的流程。可以先让参与者组成橡树。

5. 当参与者完成橡树的模拟队列，让各组成员依次介绍自己所承担的角色名称。

6. 活动第一轮，让参与者组成一块手表。

7. 每当会议进行中参与者需要进行调剂放松时，可以用下述物品进行本项活动。

- 电脑
- 人体
- 摩托车
- 钱包
- 小鸡

活动变化：

每次活动都让参与者组成模拟的人体结构，但是每次活动进行时各位参与者必须充当不同的身体组成部分。

提示：

1. 保证参与者有足够的活动空间进行本项活动。场地越宽阔，活动越有趣。

2. 当组织者提供第一个例子时，可以让参与者选择自己要充当比萨中的哪个部分。

备注：

双人自行车

目的：热身活动；队伍建设；纯粹娱乐

小组人数：2～200 人

体力活动等级：高

估计时间：5 分钟

道具：音乐（自选）

2 人组的同伴行为同步！得到放松！这就是本项活动的意义所在。本项活动适用于任何人或小组，使参与者得到快速放松和调整。

> 想象一下这个画面：纽约，海洋城，8 月 1 日的早上 8 点。阳光明媚，你正和最要好的朋友在非机动车道骑着双人自行车。多么美好。

说明：

1. 将参与者分为 2 人一组。
2. 让每组的两名参与者将座椅排放成朝向相同、一前一后的位置坐下。
3. 向参与者说明，他们需要模仿骑双人自行车的动作。
4. 让参与者闭上双眼，想象温暖的阳光正照射下来；凉爽的海风正拂面而过；海浪的味道吹进了鼻腔。
5. 让参与者开始模拟骑双人自行车的动作。每组坐在前面的参与者负责设定和改变节奏，坐在后面的参与者要尽量与其同伴的动作相一致。
6. 向参与者说明每组有 1 分钟的时间模拟骑双人自行车的动作，休息 10 秒钟，再模拟这个动作 1 分钟，再休息 10 秒钟，如此往复。
7. 开始本项活动。
8. 活动结束后，让参与者指出本项活动中保持行动一致的难点和简单之处。

活动变化：

1. 可以让参与者模拟骑三人或四人自行车的动作。
2. 可以在会议进行中多次开展本项活动，让参与者更换合作伙伴。

提示：

1. 本项活动应该在欢乐轻松的氛围中进行；鼓励参与者加速，或模拟上坡下坡的动作等。

2. 可以配合参与者的动作频率播放相应节奏的音乐。

备注：

动态搭档

目的：分组；热身活动；队伍建设；纯粹娱乐

小组人数：10 ~ 40 人

体力活动等级：高

估计时间：8 ~ 10 分钟

道具：“动态搭档”活动列表，向每位参与者发放一张卡片

本项活动中，参与者需要找一名同伴结成二人组，并且站立表演动态搭档的角色。这有助于发现一些平时不善表现的优秀人才！可以在会议进行过程中的任何时间点开展本项活动，参与者会非常喜欢。

> 我们都认识并喜欢下面的这些组合：伯恩斯和艾伦，斯蒂夫和艾迪，本和杰瑞，艾伯特和科斯特罗。这些喜剧搭档，欢乐的二人组合，很棒的同伴。

说明：

1. 将参与者分为 2 人一组。
2. 向每位参与者发放写有著名喜剧搭档姓名的卡片。
3. 向参与者说明，由于大家都不知道其他人所要表演的喜剧明星，各组成员需要尽量模仿所收到卡片上标示的动态搭档。各组有 2 分钟时间准备所要呈现的表演，在 30 秒内结束模仿演出，并由其他参与者猜测该组成员模仿的对象。
4. 发出开始信号，各组开始准备并演练表演。
5. 2 分钟后，让各组依照顺序依次进行表演。
6. 鼓励其他参与者猜测表演所模拟的对象。

活动变化：

1. 鼓励参与者使用道具。
2. 允许参与者自行创作所要表演的内容。

提示：

1. 依据本项活动开展的具体情况，调节活动时间。

2. 为了增添活动的趣味性，提供奖品激励。

备注：

“动态搭档”活动列表

邦妮&克莱德	邦妮&克莱德
罗密欧&朱丽叶	罗密欧&朱丽叶
泰山&简	泰山&简
大卫&歌莉娅	大卫&歌莉娅
圣诞老人&鲁道夫	圣诞老人&鲁道夫
弗雷德·阿斯泰尔&金吉·罗杰斯	弗雷德·阿斯泰尔&金吉·罗杰斯
杰克&吉尔（童谣中出现的人名）	杰克&吉尔（童谣中出现的人名）
露西尔·鲍尔&里奇.里卡多	露西尔·鲍尔&里奇·里卡多
查理·布朗&露西	查理·布朗&露西
灰姑娘&王子	灰姑娘&王子
多萝西&稻草人	多萝西&稻草人
玛丽&约瑟夫	玛丽&约瑟夫
赛门&戴丽拉	赛门&戴丽拉
独行侠&通托	独行侠&通托
达斯·维德&天行者	达斯·维德&天行者
彼得·潘&小仙女	彼得·潘&小仙女
宾尼兔&威力笨狼	宾尼兔&威力笨狼
乌龟&兔子	乌龟&兔子
小红帽&大灰狼	小红帽&大灰狼

健身俱乐部

目的：热身活动；放缓节奏及放松；纯粹娱乐

小组人数：10～100人

体力活动等级：高

估计时间：5～10分钟

道具：哨子

这是一项非常有效的模仿活动。参与者需要展示出其在健身俱乐部中所做的运动——但不提供相应的设备。本项活动有利于使团队成员得到放松并减少压力，还有利于团队成员进行调剂锻炼——就按照在健身俱乐部中的动作进行即可。

> 我曾在健身俱乐部有过一次相当尴尬的经历。事情是这样的，那时我才刚加入那个男女会员分开活动的健身俱乐部——女性会员只限于周一、周三和周五去健身，而男性会员只限于周二、周四全天和周六的上午健身，所有会员都可以在周六下午和周日健身。事发前，我只在非周末的日子去健身。事情发生在我那个周六下午去健身的时候。做完器械锻炼后，我换上了泳衣，走向游泳池。快到游泳池时，有一个卫生间，我按照惯例就先去了卫生间。可以想象当我从独立卫生间出来，从立式镜子里看到一个男性身影时有多么吃惊，而且那位男士还赤裸着身体。我佯装镇定，直视他的双眼说："对不起，我以为这是女士卫生间呢。"没想到他似乎习以为常地说："不，周末的时候这是男士卫生间。"我快速地昂首走出卫生间，并为自己的处变不惊感到骄傲。但是当我走进桑拿房，发现里面只有一个人，而且就是刚才在卫生间碰到的那名男士时，我觉得有点尴尬，只能说："很高兴再次遇到你。"

说明：

1. 挑选5～6名曾经加入过健身俱乐部的参与者扮演健身教练，并选取一种锻炼项目让参与者进行模仿。
2. 让参与者之间留出一定活动距离，并起立。
3. 向参与者说明，去健身俱乐部的最佳时间是白天，因为那个时段的人比较少，不会很拥挤。让参与者想象自己身处健身俱乐部。

4. 介绍健身教练。向参与者说明，这些健身教练会带领大家进行体育锻炼。
5. 让参与者想象专业器械，紧身衣裤及镜子！
6. 让每位健身教练带领大家做 30 秒钟的体育锻炼。

活动变化：

1. 可以由组织者带领参与者锻炼。
2. 在较长时间的会议进行过程中，可以每次做不同种类的锻炼。

提示：

常见的锻炼项目有划船机、跑步机、举重器、全身型器械及轻微有氧操。

备注：

线条语言

目的：热身活动；队伍建设；纯粹娱乐；调剂冗长、枯燥的发言

小组人数：24 ~ 60 人

体力活动等级：高

估计时间：6 ~ 8 分钟

道具：无

本项活动融合了肢体语言、手语、看手势猜图及哑剧的形式，参与者在不使用语言的前提下自行创造一种表达方式。本项活动既可以在会议开始时开展，也可以作为会议的结束活动。在会议的中间阶段开展本项活动有助于参与者进行调节放松。

> “看着我的嘴唇。”这种表达如今的意义就是“我在认真地讲解一件事情，而你并没有在听（或有意忽视）。”

说明：

1. 将参与者分为 6 ~ 12 人一组，并站成一排。
2. 向参与者说明，每组成员都有机会向其他小组发出某种信息，但不可以使用语言沟通的方式。提醒参与者使用哑剧、手势、肢体语言、歌曲及任何非语言类的沟通方式。
3. 让每组成员在 1 分钟内决定该组要向其他组表达的短语或句子。
4. 随后，每组成员有 3 分钟时间决定使用何种方式向其他组发出信息，并演练如何表达该信息。提醒参与者这时无须站成一排。
5. 时间到，每组依次演示所要表达的内容，其他组进行猜测。

活动变化：

1. 如果时间有限，可以让各组想出一句完整的陈述句，再让其组员站成一排，每人依次说出一个字。
2. 可以让参与者想出一句极致的表达，把这句话写在许多纸片上，然后用小夹子将写有字词的纸片夹在一根绳索上。由该组成员提起绳索，让其他参与者读出这句话。

提示：

可以依据具体情况适当延长本项活动的时间。

备注：

壁球

目的：队伍建设；热身活动；引入话题
小组人数：16～100 人
体力活动等级：高
估计时间：10～12 分钟
道具：透明胶带；橡胶球，网球或乒乓球（每组一个）；墙面

本项活动需要一个宽敞的大房间及大量墙面，这样才能使参与者融入团队，并在本项活动中轮流击打从墙面弹回来的球（类似壁球），并且避免参与者抢球。本项活动适用于下列情况，如加强参与者的团队意识，提高参与者的参与热情及运动欲望，介绍团体内的系统或组织需求。

> 不论在体育界还是商界，“抢球”这种说法都非常确切地描述了某类人士的一贯行为特点，也是一类人在某种特定情况下的行为特点。抢球大战并无乐趣可言，尤其是把球（或任务）传递给另一位团队成员引发赏罚不明的问题时。

说明：

1. 在地板上贴上胶条或做出其他标记，指定各组站在不同的区域。各组成员需要在距离墙壁大约 10 英尺的地方站成一排，并保证参与者与墙面之间没有障碍物，然后让各组成员面对墙面击打小球。
2. 将参与者按照每 10～20 人一组为单位进行分组。
3. 让各组成员在指定的区域站好。
4. 向参与者说明，本项活动的目的旨在锻炼他们为了完成团队目标协同作战的能力。
5. 向每组发放一个网球、橡胶球或乒乓球。
6. 解释游戏规则。本项活动的目标是连续将小球击打至墙面并弹回，由另一名参与者接球，依次进行直至每组的所有成员都成功击打到小球。最先完成目标的小组获胜。游戏按照下述规则进行。

- 每组中的各位成员必须击打小球 2 次。
- 每位成员不得连续击打小球 2 次。

- 每次小球由球拍发出弹向墙面，或由墙面弹回至球拍时，不得有多于 2 次的击球动作。
- 如果违反了上述规则，就由该组的下一位成员开始重新发球，违反规则的那位参与者重新等候自己的轮次完成 2 次击球。

7. 每组有 3 分钟时间设计本组的击球策略。
8. 3 分钟后，让各组准备发球。
9. 只要有一组完成整套击球动作，就宣告游戏结束。

活动变化：

可以使用大型号的气球或沙滩球。

提示：

如果有参与者不能参与到活动中来，可以指定该名参与者为裁判，以确保本项活动按照上述规则进行。

备注：

快照

目的：队伍建设；热身活动；户外活动
小组人数：20 ~ 40 人
体力活动等级：高
估计时间：3 ~ 8 分钟
道具：图片样本，比如诺曼·罗克韦尔画像，乔治·华盛顿穿越特拉华河，硫磺岛升旗的海军将士；拍立得相机（自选）

可以在会议过程中或结束阶段开展本项活动以使参与者得到调节放松。在午餐时间之后开展本项活动效果也不错。

> 只有一个事件出现在电影或画作中才真正得到了知名度。如果我们对日常生活中的事件予以关注，其中有很多会在多年之后依然具有特殊意义。

说明：

1. 将参与者分为 5 ~ 10 人一组。
2. 向参与者展示一些带有动作的名画。
3. 向参与者说明，他们的任务是运用肢体语言表现一幅名画。
4. 说明如下规则。
- 每组有 2 分钟时间决定想要画出的著名事件、景色或历史典故，并演练如何将其表现出来。
- 每组的所有成员都要在其中承担一个角色。
- 2 分钟后，每组运用肢体语言表现出目标场景，并由一名成员说出该场景的名称。
5. 提醒参与者，虽然表演中涉及动作，但是依然要忠于原作。
6. 开始本项活动。

活动变化：

1. 向参与者提供其所要展示的知名画作图片。
2. 让参与者展现其公司内部发生的一些事件。

提示：

1. 如果时间允许，可以拓展本项活动的内容。

2. 为表演的小组照相，并将照片张贴在墙上。如果所有参与者的人数不多，可以为大家拍摄一张集体照，并用相框装裱后挂在参与者的办公室内。

3. 鼓励参与者进行创造性思考，并选择那些他们真正感兴趣的场景进行表现。

游泳教学

目的：热身活动；纯粹娱乐；户外活动；尤其适用于人数较多的团队

小组人数：4 ~ 400 人

体力活动等级：高

估计时间：5 ~ 8 分钟

道具：无

每当参与者需要进行体能放松或轻松的休息时间，就可以开展本项活动。由于一些参与者会觉得在坚硬的地面上模仿游泳动作滑稽至极，最好在那些乐于参加这种活动的参与者中开展本项活动。

许多健身专家都认为游泳是最棒的锻炼项目之一。但遗憾的是，我们中的大多数人住地附近并没有游泳馆或其他可以游泳的场地。为何要因为硬件设施的不完备而限制我们游泳的乐趣呢？

说明：

1. 让参与者起立，相互之间留出一定距离，这样在他们向侧方伸出双臂的时候就不会碰到身边的参与者。

2. 回想并演示（或让参与者进行演示）几种主要游泳样式的技巧，每次一项——蛙泳、仰泳、自由泳（爬泳）、蝶泳及狗刨。

3. 每演示完一种游泳样式后，鼓励参与者进行模仿。

4. 最后，让参与者选择自己喜欢的样式进行练习和演示。

活动变化：

1. 可以让参与者模拟游泳的动作走遍活动室。

2. 可以用跳水动作替代游泳动作。

提示：

1. 如果条件允许，可以提供脚蹼、鼻夹或泳帽，让参与者佩戴这些附件增加乐趣。

2. 可以在参与者模仿游泳动作时播放音乐（如亨德尔的《水上音乐组曲》、

《慢摇滚》或《美人鱼》)。

备注：

所在图形

目的：了解你；更了解你；热身活动；队伍建设；户外活动；纯粹娱乐；引入话题；会议开始节目
小组人数：12～24 人
体力活动等级：高
估计时间：3～5 分钟
道具：“所在图形”活动列表，向每位参与者发放一张卡片

在本项活动中，参与者通过所收到的几何图形共同创建新的图形，以使参与者快速融入团队合作。本项活动适用于那些乐于接受紧急挑战的参与者。

> 还记得我们在高中几何课上学得那些几何定理吗？很有用处是吧？一天我跟自己的同事提起，自己最喜欢 68 号定理；他回应说他最喜欢的是 16 号定理，因为该定理适用面很广……当然这只是开玩笑。

说明：

1. 向每位参与者发放一张剪成某种图形的卡片。
2. 向参与者说明，“所在图形”活动的目的旨在让大家理解其他人对公司做出的贡献；也使大家有机会思考公司的每个员工每天所创造的价值。
3. 向参与者说明，每位参与者手中所持的纸质图形都是一种独立完整的图形。但是，在与其他图形组合的过程中，会组成不同的几何图形。比如，两个单独的三角形可以组成一个正方形。
4. 向参与者说明，每位参与者需要寻找至少 3 名同伴，与同伴所持的图形组成新图形。
5. 指导参与者在平整的表面上组成新图形。当新图形组成后，小组成员需要依次说明“每部分”在整个组织内做出的贡献。

活动变化：

1. 可以向所有参与者发放相同的卡片图形，如三角形，然后让大家自行创建可以组成的新图形。
2. 指定某种几何图形让参与者进行拼贴。

3. 可以让参与者制作直径为两英尺的几何图形，并鼓励参与者在地板上拼贴新图形。

4. 将参与者分组，让各组创建牢固的三维立体几何体。

提示：

1. 如果可以将图形卡片压制成贴膜薄片，就可以循环多次使用。
2. 在每张图形卡片上贴上公司的商标、标语或其他代表符号。
3. 张贴不同几何图形和几何体的列表或图片。

备注：

“所在图形”活动列表

糟糕的日子

目的：热身活动；了解你；调剂冗长、枯燥的发言；纯粹娱乐

小组人数：20 ~ 60 人

体力活动等级：高

估计时间：4 ~ 10 分钟

道具：代表每个工作日的标识；“糟糕的日子”活动列表

本项活动充分发掘了参与者讨论各自工作日的兴趣——最喜欢的一天及最糟糕的一天。在会议开始阶段开展本项活动可以使参与者迅速地相互了解，而在会议进行中的任何时间点开展本项活动都可以起到调节放松的作用。

付薪日糖果。星期日报纸。感谢上帝又是星期五了。每日内涵。

说明：

1. 在活动室内的 7 张桌子上分别放上代表不同工作日的标识（如果室内没有提供桌子也可以将标识贴到墙上）。

2. 向参与者说明，本项活动为大家提供机会向其他人展示自身对每周的各个日子有怎样的感受。

3. 说明下述规则。

- 参与者需要起立。
- 组织者提出问题。
- 回答问题的参与者要走向代表不同日子的桌子。
- 走到目标桌子前，与该桌周围的其他参与者分享你为何选择这个日子。
- 当组织者说“糟糕的日子”，就是要提出下一个问题的信号，参与者根据自己的答案走向其他的桌子。

4. 开始本项活动，按照“糟糕的日子”活动列表上所罗列的问题顺序进行提问。

活动变化：

可以使用相同的问题列表，让参与者通过举手而非走动来回答问题。

提示：

确保本项活动快速进行。无须等待每桌周围的参与者都发言完毕。

备注：

“糟糕的日子”活动列表
（只发放给领导者）

问题：

1. 你习惯在哪天读报纸？

2. 你习惯在哪天订比萨？

3. 你在哪天是最忙的？

4. 你最讨厌哪个工作日？

5. 你最喜欢哪个工作日？

6. 你习惯在哪天去饭店吃晚餐？

7. 你习惯在哪天去饭店吃午餐？

8. 你在哪天感到最放松？

9. 你习惯在哪天给家人打电话？

10. 你在哪天最富有创造力？

201

ICEBREAKERS

纯粹娱乐

清洗机

目的：纯粹娱乐；队伍建设

小组人数：6 ~ 60 人

体力活动等级：中

估计时间：10 分钟

道具：向每位参与者发放一块肥皂及一把塑料刀

在本项活动中，参与者通过将收到的肥皂雕刻成某种形状共同组装一部清洗机。本项活动为参与者提供了一个趣味盎然（而且卫生！）的机会通过完成共同的目标来加强其自身的团队建设技巧。在午餐后或下午休息前的时段开展本项活动还可以达到调剂放松的作用。

许多充满创造性的想法都是在早上淋浴的时候产生的。遗憾的是，我们大多数人在早上洗澡的时候都是独自一人，当灵感来临时并没有与人分享的机会，因此，这些灵感都无疾而终。本项活动为参与者提供了机会，让他们通过组装机器来与他人分享自己的创造性想法，尤其是那些原本会随着淋浴而冲到下水道的好想法（顺便说一下，你是否知道“机械设备”这个词在英语中既可以指代组装完的成品，比如工厂设备，也可以指代某种机器设备中的零部件，比如手表中的机芯）。

说明：

1. 将参与者分为 2 ~ 8 人一组，并向每位参与者发放一块肥皂及一把塑料刀。

2. 向各组成员说明，每组有 2 分钟时间考虑可以用手头的塑料刀把肥皂雕刻成什么形状，并在 3 分钟内将其组装成目标机器。根据《韦氏大辞典》的定义，机器是指“由可以传导作用力、动力及能量的部件所组成的物品”。各组成员可以将手中的肥皂雕刻成零部件的形状，再将每位成员的零部件组装成一种机器，如除草机。还可以将雕刻完成的零部件组装成成套使用的多种机器设备，比如，农场必需的务农设备套装或厨房用具套装（告诫参与者要保持室内卫生）。

3. 开始集体讨论。

4. 2 分钟后，向参与者说明他们有 3 分钟的时间进行肥皂雕刻和组装。发出开始信号。

5. 3 分钟后，让各组展示并讲解各自组装完成的机器设备。

活动变化：

1. 可以让参与者以个人为单位进行本项活动。

2. 要求参与者制作日常生活中常用的机器设备，并说出该机器设备给人们带来的便利和好处。

提示：

1. 让参与者在活动结束后洗手。

2. 肥皂会产生许多细屑。为了避免这种情况的发生，向参与者发放纸盘或纸碟，或在桌子上铺上塑料桌布。

3. 使用软性肥皂以便于参与者雕刻。

备注：

绝妙的标题

目的：精神有氧操；队伍建设；纯粹娱乐；适用于非破冰类型；调节冗长、枯燥的发言

小组人数：8～24 人

体力活动等级：中

估计时间：2～4 分钟

道具：向每位参与者发放一张“绝妙的标题”活动列表

参与者需要通过协同合作为列表上列出的系列图片创建标题。在会议进行中一旦参与者需要进行调节放松就可以让参与者以二人组的形式进行本项活动。

标题这个词源自法语，意思为“获得”。获得什么——难道是执照？

说明：

1. 将参与者分为 2 人一组。
2. 向每位参与者发放一张“绝妙的标题”活动列表。
3. 向每组成员解释说明，各组有 1 分钟的时间为各个图片添加标题。
4. 大约 1 分钟后，让各组之间对创建的标题进行分享。

活动变化：

1. 本项活动可以通过个人形式开展，当参与者进场时向其发放列表，随后再进行标题分享。
2. 让所有参与者共同思考标题。
3. 让参与者自行选择图片进行标题制定。

提示：

本项活动只是为了增添乐趣。

备注：

____

____

“绝妙的标题”活动列表

热气球快递

目的：队伍建设；热身活动；纯粹娱乐
小组人数：16 ~ 100 人
体力活动等级：高
估计时间：5 ~ 8 分钟
道具：向每组发放一个颜色不同的气球，向每位参与者再发放一个气球

本项旨在提升团队精神和团队成就的活动充满了乐趣，需要投入大量体力并充满竞争意味。开展本项活动有利于使团队得到放松调剂，既可以作为解决问题的事例，又可以增添会议的趣味性。

> 每次我通过联邦快递或安邦快递寄包裹的时候，他们总能按照指定地点毫无拖延地将包裹送达。我只使用邮政系统寄过 3 次东西，无一例外的 3 次都按照预定时间延误了一天（你也许觉得我会吸取教训）。我最后得出结论，邮政系统的服务是很稳定地不可信赖的。到底是什么原因导致那 3 次邮寄都延误了？其中是否真的存在一些不可预知的例外情况才阻碍了邮件的按时送达？

说明：

1. 在活动场地指定各组放飞及移动气球的区域。可以使用胶带或线绳圈出方块、盒子或圆圈。
2. 按照每 8 ~ 15 人一组为单位将参与者分组。
3. 向每位参与者发放一个气球，让其将各自的气球吹满气并扎紧。
4. 说明如下活动规则。
   - 本项活动的目标是各组以最快的速度将气球送达至指定区域。第一个将组内所有气球送到目标区域的小组获胜。
   - 各组成员必须将双手放在背后握紧，不可以用手触碰气球。
   - 各组有 1 分钟的时间确定本组使用何种方法将气球送到目标区域。
   - 活动一旦开始，各组可以依据实际情况改变策略，但是活动全程所有参与者必须将双手放在背后握紧。
5. 让各组在 1 分钟内商量策略。

6. 1 分钟后，确认各组成员都准备就绪，然后发出开始指令。
7. 在各组都完成了气球送达的任务后再结束本项活动。
8. 按照各组完成任务的先后顺序宣布比赛结果。

活动变化：

为了强调本项活动中策略制定及问题解决的重要性，可以延长各组讨论策略的时间，并在活动结束后讨论各组所使用的策略及其相应的效果。

提示：

由于身体原因无法参与本项活动的参与者，可以承担啦啦队长、引导者、教练、裁判或场外观察的工作。负责场外观察的参与者要在活动结束后报告所观察到的情况。

备注：

呼噜声

目的：热身活动；纯粹娱乐
小组人数：9～18 人
体力活动等级：高
估计时间：3～5 分钟
道具：向领导者发放“呼噜声”活动列表

本项活动的核心是基于《三只小猪》的故事，参与者需要呈现出共同盖一栋房子的过程。针对那些乐于参加趣味游戏的参与者，本项活动既可以为参与者带来乐趣，又能达到调节放松的目的。我个人认为那些自视甚高的人不适合本项活动，虽然我从未真正在这类人身上实际操作过，不敢保证说一定不合适。

欢笑如同呼吸——能带来活力。

说明：

1. 让参与者起立并围成圆圈。

2. 快速浏览《三只小猪》的故事梗概。

3. 重复故事梗概，向参与者说明第一只小猪使用稻草盖房子，并演示出稻草在风中摇晃的样子（如将手在空中摇摆）。然后向参与者说明第二只小猪使用小树枝盖房子，并演示出能够使参与者联想到小树枝的动作（如将手臂向不同方向延伸）。

最后，向参与者说明第三只小猪使用砖头盖房子，并演示出砖头的样子（如手臂下垂、双脚并拢，身体紧绷站立）。

4. 让参与者模仿组织者所做的肢体动作——稻草、树枝及砖头。

5. 向参与者说明如下规则。

- 指定某位参与者作为“指针”站到圆圈中间。
- 让该名参与者闭上双眼，面向大家转圈直至无法辨析方向后停止，指向一位参与者并喊口令“三只小猪”。
- 被指向的那位参与者扮演第二只小猪，做出代表小树枝的肢体语言同时喊口令，即模仿“小猪的呼噜声”。
- 站在扮演第二只小猪的参与者左侧的人扮演第一只小猪，该名参与者在做代表稻草的肢体语言的同时喊口令，即模仿“小猪的呼噜声”。

- 站在扮演第二只小猪的参与者右侧的人扮演第三只小猪，该名参与者做出代表砖头的肢体语言的同时喊口令，即模仿“小猪的呼噜声”。
- 扮演三只小猪的参与者需要同时开始模仿各自盖房子所使用的材料。
- 动作最慢的那名参与者成为下一轮次的“指针”，重新开始新一轮的游戏。

活动变化：

1. 可以使用任何其他带有 3 个连续性动作的故事为蓝本。
2. 让某位参与者带领大家回顾该故事。

提示：

1. 确保游戏快递进行。一旦参与者表现出厌烦，马上停止活动（如果组织者比较警惕，可以在参与者感到厌烦之前叫停）。

2. 按照指定主题开展本项游戏，向参与者说明游戏本身没有任何映射性。

3. 本项活动是对参与者自身公司内部事务的一种类比。

备注：

“呼噜声”活动列表

（只发给领导者）

先阅读《三只小猪》的故事梗概，再运用肢体语言展现下列动作。

故事梗概

以下是《三只小猪》译文的故事梗概。有三只被凶狠的恶狼追赶的小猪。为了躲避追赶，每只小猪分别使用不同的材料建造各自的房子。第一只小猪使用稻草盖房子，但是恶狼只是微微咆哮就将房子吹散了。所以第一只小猪只能跑去兄弟家避难。第二只小猪的房子虽然是用小树枝盖的，但是也经不起恶狼的咆哮，很快也坍塌了。这两只小猪无奈之下一起跑去了第三只小猪家里，这个房子是用砖头盖的。小猪们终于可以在恶狼无法摧毁的坚固房子中生活了。

动作

稻草：为了展示出用稻草盖的房子，参与者需要将手臂抬起并来回挥舞，以模仿稻草在风中摇摆的样子。

树枝：为了展示用树枝盖的房子，参与者需要将双臂伸向不同的方向。

砖头：为了展示用砖头盖的房子，参与者需要紧绷身体站立，并保持双臂下垂、双脚并拢。

橡皮筋

目的：热身活动；纯粹娱乐；团队建设
小组人数：10～20 人
体力活动等级：高
估计时间：8～10 分钟
道具：每人几个大橡皮筋

在这个活动中，参与者要用橡皮筋制造出动听的音乐。任何参与者都会觉得这个活动很有趣，但对那些有幽默感和独创性的人尤为如此。可以在会议中间做这个活动来让大家放松，激发他们的乐趣和智慧，让创造力流动起来。

> 在雷克瑞吉市的威斯敏斯特退休社区里，大约有 12 个居民每周参加一次“厨房乐队”。他们创造性地将各种厨房用具和器皿黏起来、展开、合并、固定或连接，用这些不同的器皿和用具来“演奏音乐”（至少他们是这么叫的）。他们在每次“演奏会”之前都要努力练习。

说明：

1. 将参与者分成两人一组。
2. 给每组发几个各色橡皮筋，告诉参与者他们可以使用任意数量的皮筋来完成任务。
3. 告知大家他们的任务是在三分钟内练习用橡皮筋演奏一段 30 秒的音乐，并为其他小组表演。橡皮筋可以放在任何他们想放的地方，还可以使用任何他们想用的道具来演奏。

活动变化：

1. 将小组分成 4～10 人一组。
2. 可以将这个活动称为“伸展运动”。
3. 给每人只发一个大橡皮筋。

提示：

1. 带领大家在每次表演后鼓掌。
2. 演示一段橡皮筋演奏（最好先练习一下）。

讲故事

目的：热身活动；队伍建设；纯粹娱乐；结束活动

小组人数：10～300人

体力活动等级：高

估计时间：4～5分钟

道具：由领导者朗读的故事

每位参与者都要在讲故事的过程中承担不同的角色，比如重复一句台词、制造噪声或添加一些突显角色性格的动作。本项活动有利于激发参与者的热情并使参与者得到调节和放松。本项活动适用于成员之间相互熟悉的小型团队或喜欢欢笑的大型团队。

> 在我50岁生日当天，家人为我举办了一个惊喜生日会。当然，他们的所作所为都与年龄有关。作为一个非常会讲故事的人，我的姐姐弗兰讲述了诺亚方舟的故事打破了僵局（因为诺亚活到了900岁！）。当我走进房间时，家人让我坐在摇椅上，在我肩膀上披上了大披肩，并在我身边放了一个拐杖。我们根据故事中或真实或虚构的人物，讲着各自的台词，做出相应的动作：有人扮演诺亚，我和我丈夫扮演爱情鸟等。让我印象最深的是我82岁高龄的母亲（扮演上帝）按照计划当我们提到上帝时，从摇椅上跳起，双手在空中挥舞并高喊着“棒极了”。

说明：

1. 会议开始之前，选取一个角色丰富的故事（如果故事主题与会议主题相关更为理想）。向每个角色分派相应的台词或者声音。

2. 向参与者说明，组织者将要朗读一个互动式的故事，而参与者需要扮演其中的角色。

3. 根据会议参与者的人数，向每位参与者、小组或活动场地上位于某区域的参与者指派角色。每当组织者提及某个角色，其扮演者需要喊出自己扮演的角色名字或发出相应的声音。比如，所选的故事是《白雪公主》，可以指派某个小组成员扮演咯咯女巫的角色，每当故事中提及这个角色，其扮演者就要说“镜子、镜子，快显灵”。

4. 朗读故事。让各小组成员参与其中。

活动变化：

向各组发放短篇故事的复印本，并根据各组被指派的角色将各自的台词画出来。

提示：

每位参与者都会乐于参加本项活动。一般情况下，大家会要求再来一次。

谁是布偶

目的：了解你；纯粹娱乐；队伍建设

小组人数：6 ~ 12 人

体力活动等级：高

估计时间：3 ~ 8 分钟

道具：无

在本项活动中，参与者需要通过替同伴回答有关其个人生活的问题来扮演双簧表演中的主人与布偶。本项活动适用于那些相互之间非常熟悉的参与者。

> 青蛙卡米特，好迪都迪，库克拉和艾莉，蠕虫威利（还有人记得吗？）——大家都喜爱布偶。

说明：

1. 将参与者分为 2 人一组。
2. 向参与者解释说明，大家有机会和同伴玩双簧布偶游戏，向其他参与者透露同伴 的个人信息。
3. 让各组参与者事先决定好谁扮演主人，谁扮演布偶。
4. 向参与者说明如下规则。

- 每次让一个小组走到活动场地前，各自就位分别扮演主人及布偶。
- 场地内的其他参与者可以向布偶提出两个问题。可以问“高中时最为尴尬的时刻？”及“做过的最疯狂的事情是什么？”之类的问题。
- 众所周知，由于布偶不得发出声音，所以其主人就要在布偶轻启嘴唇的同时发出声音来回答问题。
- 主人遇到不知道答案的问题，可以与布偶进行简短交流。但是，只有主人要求交流的时候才有效，布偶无权提出交流。

5. 开始本项活动。

活动变化：

向参与者说明，表演得最好的小组会得到奖励。各组表演完毕后，让大家通过投票决定最佳组合并向其颁发奖品。

提示：

1. 先让一名参与者和组织者进行演示，让其他参与者提出有关于组织者的个人问题。

2. 当各组上台表演时，布偶需要坐下，而主人坐下或站在布偶的一侧，并将一只手臂环绕在布偶的后背（如此才能观察到布偶嘴唇的动作）。

201 ICEBREAKERS

自我表露

顶住压力，露齿而笑

目的：自我表露；更了解你；引入话题

小组人数：5~40 人

体力活动等级：低

估计时间：3~6 分钟

道具：小熊软糖，餐巾及碗

参与者都乐于与他人分享自己美好的经历。“顶住压力，露齿而笑”是一个非常有效的均衡活动，其参与者可以来自不同社会阶层，身份、年龄等都可不同。当会议进行到一定阶段，参与者都感到放松舒适就可以开始本项活动，让参与者交流各自的个人信息，或帮助参与者从他人那儿收获启发。

> 大家都喜欢泰迪熊。是不是可以归功于泰迪熊的外表、动作及代代相传的有关泰迪熊的故事？我曾经在《读者文摘》中读过一篇有关熊的短文，文章讲述了一名男子被熊抓到后，熊是怎样抱着他的头啃噬了半个小时。自那以后，我一直想不明白为什么表达温暖、亲切及称心如意的经历要用“熊抱”来表达？

说明：

1. 按照每 4~6 人一组为单位将参与者进行分组，并让各组成员围坐在各自的桌子旁。

2. 在每张桌子上放一个装满小熊软糖的碗，并向每位参与者发放餐巾。

3. 向参与者说明，在“顶住压力，露齿而笑”活动中参与者有机会与他人分享各自的经历，并因此获得奖励！

4. 指导参与者回想一些工作中引发其不适的事件，即那些在当时会引发不愉快，但结果很有价值的事件。

5. 让每位参与者用 30 秒的时间分享一个过程十分艰辛但结果十分美好的个人经历。

6. 向参与者说明，每当一位参与者讲完自己的故事，就可以从碗中拿一把小熊软糖。

活动变化：

1．可以用小熊贴纸替代小熊软糖，参与者讲述完自己的故事后可以将贴纸贴在自己的名签或身上。

2．以二人组形式而不是多人小组形式开展本项活动

提示：

1．可以提供其他种类的糖果或奖品——有没有甜味的都可以。

2．规定参与者所讲故事的类型，如故事的结果是得偿所失的，没有背叛和怀疑，为职业所带来的改变是正面向上的等。

哦，我脸红了！

目的：更了解你；引入话题；自我表露

小组人数：6～12 人

体力活动等级：中

估计时间：3～5 分钟

道具：无

在这项破冰活动中，参与者将从平等的出发点分享各自的尴尬时刻。本项活动既适用于那些由于职位级别不同而产生不愉快的参与者，达到均衡的功效；也适用于来自相同职位级别的参与者——比如销售员、职业发言人、地产经纪等——增强亲近感。

> 作为一个引导者，我正身处一个热烈的讨论之中。整个团队正处在意见冲突的高峰点。氛围渐趋紧张。是时候打破僵局了，大家决定反对这个提议。但是我认为至少应该再浏览一下那些基础规则。我在提出这项建议的同时慢慢坐起并打开了外门，希望将室内的火气放一放，并让新鲜的空气（新的观点）进来。我背靠那道门并用力推开它。瞬间响起了警报。当我转过身来才明白这是为什么。门上写着一行字：此门禁止开启——紧急通道门。几分钟不到的时间里，酒店工作人员、警察及消防员全部冲进了会议室。我脸都红了！
>
> 但是，无论如何这招奏效了。

说明：

1. 组织者先行讲述一个有关自己尴尬遭遇作为活动的预热部分。
2. 向参与者说明他们也有机会讲述让自己脸红的尴尬遭遇。
3. 给参与者 1 分钟时间想一个自己经历过的尴尬遭遇。
4. 指导参与者将自己的故事讲给其他参与者听。
5. 向参与者说明，每位参与者在讲完自己的故事后要以“哦，我脸红了！”作为结尾。
6. 当第一位参与者讲完自己的经历，带领所有其他参与者重复讲述者的最后一句话，即“哦，我脸红了！”

活动变化：

如果参与者的人数过多，可以先将参与者分成小组或 2 人组，再以小组为单位进行故事讲述。

提示：

1. 组织者在讲述自己的尴尬遭遇时，可以尽量使故事情节戏剧化以达到幽默的效果。

2. 有些参与者会说自己从未经历过尴尬遭遇，但是一般情况下，在听取他人的故事时会得到一些启发。如果还是没有任何想法，不要勉强参与者。

感怀往事

目的：自我表露；更了解你；纯粹娱乐
小组人数：10～200 人
体力活动等级：高
估计时间：5～10 分钟
道具：无

在本项活动中，参与者通过演唱歌曲展示个人经历，并从中了解其他参与者的经历。本项活动适用于那些乐于参与趣味活动，而且不介意自己歌声好坏的参与者。

> 音乐在人类记录历史的过程中担负着至关重要的作用。音乐品位的偏好透露出人们文化与年龄的不同。虽然现在还未问世，我坚信在不远的将来，会有人依据人们的音乐偏好设计出一种人格量表。这会不会很有趣？

说明：

1. 向参与者说明，不论年龄如何，音乐记录着一个人的经历。
2. 让参与者回想一首能够勾起其自身回忆的歌曲——承载着令人记忆深刻的事件。
3. 组织者先行以一首能够引起其自身回忆的歌曲作为范例，说明这首歌曲的意义所在，并演唱一段。鼓励参与者一起合唱。
4. 从一名参与者开始，让其首先说明这首歌曲的意义，再演唱一小段，其他参与者如果会唱，可以跟着合唱。

活动变化：

1. 可以让参与者哼唱歌曲，让其他参与者猜测曲名。
2. 让参与者说出歌曲的名称，或说出几句歌词，但是不能直接演唱。

提示：

1. 禁止对参与者的演唱做评论。

2. 唱歌跑调的情况可以为活动增添乐趣，鼓励参与者演唱。

备注：

枕边细语

目的：自我表露；更了解你
小组人数：6～15 人
体力活动等级：低
估计时间：视具体情况而定
道具：装饰枕

在本项活动中，枕头代表着安全感和安定感，用来鼓励参与者说出自己经历的难题或个人事务。在会议进行过程中只要感到需要提升参与者的安全感就可以开展本项活动。

> 孩子们不论是在旅途中还是到杂货店这种近距离的地方总是随身带着抱枕。原因很简单：抱枕可以提供一种安全感。对于某些人来说表露自己的个人信息是非常困难的。为了在会议中取得这种安全感，我们不妨回归到儿时的方法——拿着抱枕。

说明：

1. 让参与者围坐成圆圈，既可以席地而坐，也可以直接坐在地板上。
2. 向参与者介绍“枕边细语”活动并展示活动中所要使用的抱枕。活动中参与者们需要相互传递抱枕，抱着抱枕的参与者要讲述一个有关其个人的事情。
3. 组织者先将抱枕传递给第一位参与者，然后指导其开始讲述自己的故事。
4. 当每位参与者都接到过抱枕并讲述了自己的故事后，组织者收回抱枕，并让参与者对刚才的发言进行补充。如果有参与者想要对自己的故事加以补充，就把抱枕再传递给该名参与者。

活动变化：

1. 鼓励参与者分享一些在没有十分安全感的情况下不会轻易与他人分享的故事。
2. 向参与者说明，在会议过程中，只要有人想与大家分享自己的故事，就会随时把抱枕传递给该名参与者。

提示：

为本项活动设定一个合适的情绪氛围。如果当天的项目是关于咨询或培训类主题的，参与者必须进行自我表露及自我分析，通过传递抱枕尽量设置一个舒适、安全、严肃的氛围。如果当天要进行的只是一般的培训项目或会议，就可以通过轻松欢快的方式传递抱枕。

备注：

晾衣服

目的：自我表露；更解你；队伍建设

小组人数：5 ~ 40 人

体力活动等级：低

估计时间：5 ~ 10 分钟

道具：任何型号的晾衣架（每位参与者 5 个）

本项活动为参与者提供了一个非强制性表露自我的机会。可以在午餐后或会议开始阶段开展本项活动。

> 青少年时期，我和姐姐最喜欢做的一种家务活就是在洗衣日晾衣服。有时我们共同完成晾衣服这项任务，但是大多数情况下我们轮流上。每当轮到我姐姐自己晾衣服的时候，晾衣架就成了她的一种玩伴。她会对着晾衣架说话、大笑甚至是劝诫。这时我们全家人就会饶有兴趣地从厨房的窗子看着姐姐的自娱自乐。因此，我断定晾衣架可以激发出人们不同寻常的一面……

说明：

1. 将参与者分为 5 ~ 8 人一组。

2. 向参与者说明，本项活动为大家提供通过“晾衣服”增进组员之间相互了解的机会。

3. 鼓励各组轮流开展下列活动，并解释下述规则。

- 每组选出一名参与者承担“自我”的角色。
- 该组另外一名参与者对“自我”提出有关其本人的问题。比如，“在成长过程中对你帮助最大的人是谁，他（她）是如何帮助你的？”或“在做过的工作中，哪种工作是你最喜欢的，为什么？”
- 扮演“自我”的参与者需要回答问题。
- 如果提问者认为“自我”的扮演者给出了一个真正表露其自我的回答，可以将晾衣架贴到“自我”的衣服上作为奖励（衡量回答是否真正表露自我的标准在于回答中是否透露了一些以前不为人知的个人信息，而且内容充实，不是只字片语的敷衍了事）。

- 直至每组的所有参与者都获得了至少一个晾衣架，活动结束。

4. 开始本项活动。

活动变化：

可以让参与者自由地在活动场地游走，随机进行相互提问，并向能够做出自我表露回答的参与者予以奖励。

提示：

1. 可以让参与者自带晾衣架，上交作为奖励。
2. 鼓励参与者仔细思考所要提出的问题，不要对“自我”的扮演者造成困扰或尴尬。
3. 我曾经使用过在办公用品店买的彩色小型晾衣架。
4. 如果所有参与者的人数多于五人，可以规定每位参与者只能提出一个问题以控制时间。
5. 如果所有参与者的人数为 5 ~ 8 人，可以不用分组，以集体形式开展本项活动。

备注：

投射

目的：了解你；更了解你；自我表露

小组人数：10～1 000 人

体力活动等级：中

估计时间：5～10 分钟

道具：无

本项活动可以使参与者在不感到过于彰显自我的前提下以一种轻松有趣的方式与他人进行分享和沟通。本项活动适用于那些了解投射原理的参与者——可以在任何时间、任何地点以任何方式开展本项活动。

> 《美国传统词典（大学第二版）》中对于投射的定义是“将影片投影至荧幕或其他可视化表面的过程”，还有“自发或无意识地将自身的感受、态度或欲望归因于其他人的行为”。

说明：

1. 将参与者分为 3 人一组为单位进行分组。
2. 由组织者（或参与者）解释投影的定义。
3. 向参与者说明，本项活动为大家提供机会，将自身经历过的有趣好玩的事情投射至其他参与者身上。
4. 向参与者说明下述规则。

- 在每一轮投射中，各组的 3 名成员要进行角色分配，分别承担幻灯片、投射器及提问者的角色。
- 担任幻灯片的参与者想出一个自己有趣的经历，但是在描述该事件的时候要将故事的主角替换成扮演投射器的参与者。
- 当扮演幻灯片的参与者完成故事描述后，扮演投射器的参与者要依据故事的发展，假想自己是其中的主角，并据此做出一些回应和感受。
- 提问者再向扮演投射器的参与者提出问题，如“你的感觉如何？”或“你接下来做了什么？”
- 扮演投射器的参与者需要回答问题。
- 当问题回答完毕，各组的 3 名成员交换角色，重新按照上述流程进行本项活动。

- 当各组的 3 名参与者都扮演过投射器的角色后，本项活动结束。

活动变化：

1. 可以让参与者就热点问题发表观点来代才替其自身的经历。

2. 可以删掉提问者的角色，让参与者以 2 人组的形式进行本项活动，并改名为“你来说”。

提示：

1. 可以在会议开始前，先让两名参与者进行示范练习。

2. 本项活动的开展氛围既可以是轻松愉快的，也可以是严肃深沉的。根据具体的活动目标在会议开始前设定相应的氛围。

3. 当扮演投射器的参与者无法进入角色从而无法对事件进行描述时或在回答问题时对原本的故事进行扭曲地改编都会产生笑料（比如，扮演幻灯片的参与者讲述的是自己在非常好的状态下参与自行车比赛。但是当提问者发出问题“你觉得怎么样时”，扮演投射器的参与者回答说自己在这个月一直处于疲惫状态——这就完全背离了故事的初衷，与故事中主人公原来“良好”的状态背道而驰。这时参与者就会发出笑声）。

备注：

______的事情

目的：更了解你；队伍建设；自我表露

小组人数：6～26人

体力活动等级：中

估计时间：2～4分钟

道具：向领导者发放“______的事情”活动列表

本项活动可以让参与者通过快速有趣的方式相互了解。可以在会议过程中反复进行本项活动而不只进行一次。所有参与者都会喜欢这项活动。

> “你说笑了。你真的很享受这一切？”我在描述自己是如何在一次会议中带领众多参与者进行游戏的时候，有人对我发出了这样的质疑。那个人接着还说：“要是我的话我会死掉。面对四个人就已经是我的极限了。”
>
> 按照我儿子陶德的说法就是“只要你高兴，就去放手去做吧”。

说明：

1. 向参与者说明，生活中总是会有这样那样的事情。面对同样的情况，不同的人会做出不同的反应。对某些人来说，照顾一位病中的亲戚是美好的经历；但是对另外一些人来说，就是非常难熬的。同样，对某些人来说打促销电话是一种富有挑战意味的工作，而对另外一些人来说那完全是一项耗费身心的任务。

2. 向参与者说明，在本项活动中大家有机会阐述各自生活中的那些“_____的事情”。

3. 向参与者说明，组织者会制定一些主题，由参与者对各种主题做出回应。比如，如果组织者说“困难的事情”各位参与者就要接着这句话分别添加自己曾经经历的困难事情。

4. 开始本项活动，由组织者说出开头“_____的事情”。

5. 让各位参与者通过完成这段阐述与大家分享各自的经历。

活动变化：

1. 可以将参与者分组，以小组形式将所要添加的内容写在活页纸上。

2. 可以让参与者针对与其工作相关的话题进行阐述，组织者可以说“公司内部一些固定不变的事情是……”

提示：

根据本项活动的实际情况及参与者的具体情况，选取个人性或与工作相关、轻松幽默或严肃深沉的话题。

备注：

“______的事情”活动列表

（领导者使用）

每当发生____________的事情，你的感想是什么？

忧郁

快速

亲戚

乐趣

困难

简单

顽固

愚蠢

激动

高大

甜美

新鲜

陈旧

称心如意

201

ICEBREAKERS

队伍建设

开心地过每一天

目的：队伍建设；更了解你；热身活动；引入话题；纯粹娱乐

小组人数：10～40 人

体力活动等级：高

估计时间：10～20 分钟

道具：向每组发放一张“开心地过每一天”活动列表

各组成员有机会在本项活动中思考自己最喜欢的童话故事所表达的道德内涵，并将其表演出来。本项活动有助于队伍建设、增进归属感并加深员工对企业文化和规范的理解。本项活动适用于公司内部任何层级的员工。

> 童话故事对儿童及成年人产生的影响已经毋庸置疑。那些广受欢迎的童话故事还多次被改写。不论其对我们的生活产生了怎样的影响，童话故事确实在我们的文化中起到了至关重要的作用。

说明：

1. 将参与者分为 5～8 人一组。

2. 指导各组成员在 1 分钟内列出该组认为重要的价值观，并为所列出的各种价值观按照重要性排名。

3. 1 分钟后，向每组发放一张“开心地过每一天”活动列表，并对本项活动的流程做介绍。

- 各组成员先要确定一个全部组员都熟悉的童话故事或短篇小说，并且所选择的这个故事必须能够呈现出该组所列的至少一种核心价值观。不必局限于组织者所提供的列表内容。
- 各组有 3 分钟的时间排练所选择的故事，再用 1 分钟将所选故事表演给其他参与者观看。各组的表演应该能清晰明确地体现出本组所选的核心价值观（比如，表演《金发歌蒂与三只熊》的故事可以表达出宽容及非同寻常的勇气，在表演时要一直强调这两点）。
- 每当一组表演完毕，其他组要猜测该组所要传达的核心价值观。

4. 开始本项活动，向各组参与者说明他们有 3 分钟时间来排练节目。

5. 当各组准备完毕，依次为其他组表演。每组表演结束，由其他组猜测该组表演所要传达的核心价值观。

活动变化：

1. 可以事先由组织者指定一些核心价值观，然后让各组成员依据这些价值观选取合适的童话故事进行表演。

2. 可以让各组成员自行创作符合主题的童话故事。

3. 可以免去发放活动列表的步骤，让参与者通过集体讨论的方式选择童话故事。

提示：

一本情况下，大家会乐于参与本项活动，但是要提醒参与者谨慎选择价值观，并在表演中对所选的价值观予以论证。

备注：

"开心地过每一天"活动列表

可供选择的童话故事：

《灰姑娘》

《白雪公主与七个小矮人》

《彼得与狼》

《小红帽与大灰狼》

《卖火柴的小女孩》

《奇幻森林历险记》

《毛尾巴彼得历险记》

《小红母鸡》

《松鼠胡来的故事》

《鞋子里的老妇人》

《金发歌蒂与三只熊》

《长发姑娘》

《豌豆公主》

《瑞普·凡·温克尔》

《睡谷传奇》

纸娃娃

目的：身体活跃；队伍建设；纯粹娱乐
小组人数：6～20人
体力活动等级：高
估计时间：5～8分钟
道具：每组一张不带花纹的白纸，如桌布；剪刀；张贴纸娃娃的墙面

制作纸娃娃比想象中要困难，尤其是要制作出能够表现本组特点的纸娃娃。本项活动非常有助于队伍建设，即使是一个临时性的小组。本项活动适用于那些乐于进行富有创造性和趣味性活动的参与者。

> 根据童年的经历，我认为制作纸娃娃是一个完全可以由一个人独自完成的活动，事实上，独立完成也是制作纸娃娃的一种好方法。当一个人正在努力将纸娃娃假扮成想象出的样子，并进行装饰修改的时候，实在没有必要让另一个人对其进行改变甚至是扭曲。这与我们在工作中进行团队合作的情况异曲同工：一些人正在高效地完成某项任务，而另外一些人却一直在起阻碍作用。

说明：

1. 将参与者分为2～4人一组。
2. 向参与者说明，在本项活动中各组之间需要展开竞争。大家竞争的方式就是制作纸娃娃。组织者先向参与者展示制作完成的纸娃娃。
3. 向参与者说明各组的真正挑战在于要制作各自的纸娃娃并用线绳串起来，而这些纸娃娃还要能体现该组成员的特点，所有步骤要在3分钟内完成。最后所有参与者共同投票选出最为成功的纸娃娃串。
4. 开始本项活动。3分钟后，让各组将完成的纸娃娃串贴在墙上。
5. 各组分别展示并描述本组的纸娃娃串后，投票选出最具代表性的纸娃娃串。

活动变化：

1. 可以向各组发放纸娃娃，让各组成员在其上画出装饰品和表情等来代表

各自所在团队的特点。

2. 如果时间允许，可以延长制作时间以提升成品的质量。

提示：

1. 许多小组的成员不知道如何通过线绳制作纸娃娃。不要提供帮助，因为这也是活动乐趣的一部分。

2. 投票时，如果大部分的小组都把票投给了本组的纸娃娃（这确实是时有发生的），就由组织者来挑选最具代表性的纸娃娃，但是在挑选获胜作品的时候要尽量通过轻松有趣的方式进行，而且要避免做过于深层次的评判，照顾到大家的感受，强调只要能制作完成纸娃娃的小组都是获胜者。

3. 确保纸张的供应量，以免意外情况的出现。

4. 尽量不要发放马克笔、蜡笔或其他书写工具，虽然这些工具是可以使用的。

备注：

拟人化

目的：队伍建设；引入话题；会议开始节目；结束活动；纯粹娱乐

小组人数：6～25 人

体力活动等级：高

估计时间：3～7 分钟

道具：向每组发放一张活页纸；马克笔

在本项活动中，参与者要按照会议的具体目标将某个词进行拟人化处理。如果会议目标是队伍建设，可以让参与者将团队名称进行拟人化处理。如果会议目标是增进参与者对各自部门工作内容的理解，可以让参与者对各自的工作部门名称进行拟人化处理（比如市场营销部、人力资源部、生产部门或数据统计部门等）。如果参与者来自不同公司，可以让参与者对各自的公司名称进行拟人化处理。也可以让参与者对其公司的产品品质、特性及优势进行拟人化处理。

> 几年前，我无意间读过一本很有趣的书，是露丝·詹德勒所著的《心情国度》。詹德勒通过一种独辟蹊径而迷人有趣的方式将各种心情词语进行了拟人化处理。有一个例子是有关于灵感的："灵感是非常烦躁的。她不相信任何的保证、保险或严苛的计划……屈服。她永远比当事人更清楚何时应该出现。"

说明：

1. 将参与者分为 3～6 人一组。

2. 向参与者说明，拟人化就是为无生命的物体或抽象的概念赋予人物角色。常见的例子是我们使用女性化的代词"她"指代船，而指代飓风的时候可以视具体情况使用"他"或"她"。各组可以使用拟人化的方法描述组织者选取的主题（比如参与者的工作部门）。

3. 向参与者说明，各组的任务就是用素描画出主题并写出对拟人化事物的描述。

4. 向每组分发一张活页纸及马克笔，让各组在 5 分钟内进行拟人化处理和素描。

5. 当各组完成任务后，让各组之间进行分享和交流。

活动变化：

如果当天会议的主题是队伍建设，让参与者选取对团队成员来说非常重要的品质。然后让每位成员对所选取的品质进行拟人化处理。

提示：

如果在会议的开始阶段或进行过程中开展本项活动，需要在条件允许的情况下反复提及本项活动的内容。

备注：

童谣改编

目的：更了解你；队伍建设；引入话题；纯粹娱乐

小组人数：2～24 人

体力活动等级：中

估计时间：8～10 分钟

道具：童谣

改编广受欢迎的童谣可以激发参与者的笑容及团队合作精神。本项活动有助于使参与者得到调剂放松，也有助于引导一种创新精神。本项活动适用于乐于思考的参与者。

> 我一直在想如果不是那场灾祸杰克和吉尔的故事会是什么样的结局。当然，我所说的就是那首耳熟能详的童谣——
>
> 杰克和吉尔爬上山坡去提水；
>
> 杰克摔倒伤到了头而吉尔也摔倒了。
>
> 也可以改成——
>
> 杰克和吉尔爬上山坡去提水；
>
> 杰克摔倒伤到了头而吉尔也摔倒了。
>
> 天黑了，月亮升起来了，
>
> 提不提水已经不重要了！

说明：

1. 将参与者分为 2～5 人一组。
2. 向参与者说明，大家在本项活动中有机会共同进行创造，想出一种迥然不同又更加完美的解决方案。
3. 向参与者发放童谣的复印件。
4. 各组成员有 6 分钟时间选取一个童谣，并对所选童谣的最后一小节进行改编。
5. 4～6 分钟后，让各组成员朗读本组的童谣——先朗读该首童谣的原始版本，再朗读改编版本。

活动变化：

1. 不发放童谣复印件，让参与者自行创作童谣。
2. 如果想加大活动难度，可以让参与者改编童谣的第一小节。

提示：

1. 由组织者先行朗读自己改编的作品，也可以与参与者共同改编作为示范。
2. 谨记并非所有参与者都熟悉童谣。本项活动对于某些参与者来说是一种接受新事物的过程。

星级品质

目的：队伍建设；引入话题
小组人数：4 ~ 40 人
体力活动等级：中
估计时间：10 分钟
道具：画有五角星的大号纸或广告版（每组一份）；透明胶带或活页夹；马克笔（每小组一支）

品质是不是一种极其重要的概念？在明确了团队目标（另一个极其重要的概念）后各组将参与到本项活动中。

说明：

1. 将参与者分成小组。在每组附近放置一个大五角星。
2. 提供品质的定义（根据《韦氏大辞典（第十版）》的定义，品质既可以是本身固有的特点，也可以是识别属性）。
3. 让各组在 2 分钟内通过集体讨论的方式总结出完成团队目标所需的品质。
4. 2 分钟后，指导各组选取最重要的 5 种品质，并将其写在五角星背面的五个角上。
5. 写好后，指导各组总结出共同认定的品质，再把这些品质写在五角星背面的中心部分。
6. 让各组依次与其他组进行分享。

活动变化：

1. 如果参与者的人数不多于 12 人，可以让所有参与者集体进行本项活动。
2. 提供一张“星级品质”列表，让各组将列表中的品质按照其认为的重要性进行排序。
3. 该活动可用于目标设定。

提示：

鼓励各组在列出品质时使用图片及颜色。

“星级品质”活动列表

感恩

目的：队伍建设
小组人数：6 ~ 20 人
体力活动等级：低
估计时间：2 分钟
道具：“感恩”活动列表

本项活动中同事们通过感恩便条回想相互之间的友情。本项活动适用于完整的团队或不属于同一部门但是合作良好的参与者。

谢谢你——英语中最为有效的一种表达方式。这个词意义深远。

说明：

1. 向参与者说明，“吃力不讨好的工作”既可以指某些工作岗位，也可以指某些工作任务。询问参与者是否承担过此类工作。向参与者说明，有时在恰当的时机说出一句话就可以改变整个局面，这句话就是“谢谢你”。
2. 向团队成员发放空白的感恩卡。
3. 鼓励团队成员在会议进行中只要想到团队其他成员在任何时间、事件及举动心怀感激，就立即写感恩卡。
4. 在每次间歇前，让参与者将自己的感恩卡放到感谢对象身边。

活动变化：

1. 让参与者在会议结束阶段将感恩卡送到感谢对象手中，如果大家感兴趣鼓励参与者朗读出来。
2. 向每个团队成员发放一张感恩卡，鼓励各位团队成员向其他每位成员写至少一张感谢词。

提示：

1. 由于感恩便条是书写者与接受者之间的私密信息，无须作为团队活动进行公开或深入挖掘。本项活动的功能在于最后的结果而非过程。
2. 如果没有人主动写感恩卡，组织者可以先行示范。

3. 如果团队成员参与的积极性不高，可以规定团队成员写感恩卡的数量或对象。

4. 说声“谢谢你”并不是一件矫情的事情。这是一种体现教养和礼貌的举动，发自内心由衷的感谢会让人感到愉快。

“感恩”活动列表

按照实线裁剪，再按照虚线折叠。

谢谢你！

谢谢你！

谢谢你！

谢谢你！

警示牌

目的：队伍建设；引入话题；结束活动；自我表露；更了解你；尤其适用于人数较多的团队

小组人数：6 ~ 600 人

体力活动等级：中

估计时间：3 ~ 5 分钟

道具：向每位参与者发放一张“警示牌”活动列表

本项活动中会使用一系列的警示牌，参与者将这些警示牌与自己的工作进行类比并讨论。对管理者、经理人、领导者来说，本项活动有利于使其认识到自身的优势和局限。本项活动还有助于团队建设或冲突管理，因为参与者可以从本项活动中同时了解到自己及他人的压力所在。如果参与者的人数较多，本项活动的氛围会比较轻松；如果参与者的人数较少，相互关系比较紧密，本项活动还有利于团队成员自我表露。

> 什么事情会让你发火？这是夫妻之间最初就会问的几个问题之一。还有什么比直截了当地事先了解需要避免使用的词语及行为更能有效地避免冲突维持和谐相处呢？

说明：

1. 向每位参与者发放一张“警示牌”活动列表。
2. 让参与者在 2 分钟内在每个警示牌下方写出其与各自工作的连接点。
3. 2 分钟后，将参与者按照每 2 人一组为单位进行分组。
4. 让每组成员相互分享各自的警示牌注解及工作情形。

活动变化：

1. 让参与者以团队形式进行本项活动，在每个警示牌下方列出所有可能发生的情况。
2. 可以让参与者创建“注意事项”列表作为会议的结束部分。

提示：

由组织者先行对某个警示牌进行解读作为示范。

“警示牌”活动列表

危险

特殊用途通道，其他车辆禁行

危险

禁止双层车辆行驶

危险

爆炸品

危险

必须佩带安全帽

危险

激光器

危险

闲人免进

危险

行人禁行

危险

拥堵

危险

铲车铲头扬起时禁止通行

同舟共济

目的： 队伍建设；热身活动；尤其适用于人数较多的团队；纯粹娱乐

小组人数： 10～200 人

体力活动等级： 高

估计时间： 3～5 分钟

道具： 无

本项活动可以使参与者得到调剂放松，让他们重新振奋精神并相互合作。我的个人经验是在会议进行的中间阶段或结束阶段开展本项活动效果最佳，有利于加强团队合作的概念。

> 划船的过程与人生的过程非常相似：独立、相互依赖、相互依赖、相互依赖，然后再次回归到独立。我依然记得小时候跟父亲一起划皮划艇的经历：我们一同坐在中间的座位上跟父亲一起划桨；自己独立将皮划艇拖出来……作为小孩子，难免都会央求，“让我自己划吧”。但是时隔多年长大成人后，我们会无声地希望“让我自己控制自己的桨吧”。

说明：

1. 将参与者分为 10～20 人一组。
2. 让 6 名曾经有过皮划艇、帆船、巡航艇或双桨船经验的参与者走到活动场地的前面作为志愿者，选择 6 种不同的动作通过语言表达或反复口令带领各自的小组完成。
3. 向参与者说明团队合作精神——明确职责和任务分配，每个成员都精准地完成自己的任务——在划艇和帆船运动中表现得最为明显。
4. 指导各组成员按照划艇比赛时选手的位置排列。
5. 让 6 名志愿者单独或共同带领参与者完成本项活动。

活动变化：

1. 让各组先确定具体的划船类型，再将该项划船运动的动作要领写下来。
2. 让各组成员按假设身在大船上的位置排列并开始练习。

提示：

本项活动既可以作为一种轻松愉快的调节放松，也可以成为会议的必要部分——这可以根据具体情况决定。

201

ICEBREAKERS

平静一下/放松

能量

目的：平静一下/放松；引入话题
小组人数：6～20 人
体力活动等级：低
估计时间：2～4 分钟
道具：舒缓的轻音乐

本项活动可以使参与者得到放松。可以在会议进行中的任何时间开展本项活动。本项活动最适用于那些繁忙而乐于思考的参与者。

> 有一个公式是这样构成的：
> 耗费 X 数量的能量+生产 X 数量的能量=均衡的生活方式。
> 问题的关键在于如何控制那个变量 X。

说明：

1. 向参与者说明，人类每天都从同类及其他自然资源那儿摄取许多能量，但是那些能量对我们来说却有着不尽相同的意义。作为一种能量紧缺的表现，季节性情感抑郁症对有些人来说是因为摄取的阳光不足而导致的，而对另一些人来说抑郁的根源在于自身的锻炼不足。能量增强的方式也不尽相同，有人喜欢和朋友聚在一起而有人喜欢独处来舒缓身心。
2. 让参与者闭上双眼想出 3 种对他们来说至关重要的能量源。向参与者说明有时仅仅是想一想就可以得到某种能量。组织者可以先行讲述自己的能量源。
3. 组织者播放令人舒缓的轻音乐，参与者利用 3 分钟的时间思考各自的能量源。
4. 让参与者做放松的准备动作——颈部放松、手臂放松、腿部放松等。
5. 播放音乐，指导参与者想象各自的第一种能量源。
6. 1 分钟后指导参与者想象各自的第二种能量源，再 1 分钟后想象第三种能量源。

活动变化：

1. 可以让参与者在 3 分钟内只针对一种能量源进行想象。

2. 可以在会议进行过程中让参与者分 3 次进行能量源的摄入，每次 1 分钟。

提示：

1. 一些参与者会在活动中意识到自身的能量摄入不足。

2. 一些参与者会认为本项活动没有实际意义，可以让这部分参与者利用活动时间思考一些其他问题。

踮起脚尖

目的：热身活动；平静一下/放松
小组人数：1 ~ 500 人
体力活动等级：高
估计时间：2 ~ 4 分钟
道具：无

本项活动的目的旨在让参与者通过伸展运动得到放松并摄取能量。对于不喜欢做指定伸展动作的参与者，可以让他们自行选择喜欢的伸展动作。

> 有人说跳芭蕾舞是所有身体运动中最费力的项目之一。但是，芭蕾舞所呈现出来的状态却是毫不费力的——至少真正专业的芭蕾舞演员呈现出来的状态是毫不费力的，那动作看起来是多么美丽、优雅而精准！

说明：

1. 向参与者说明，“踮起脚尖”的主要内容是伸展运动。
2. 让参与者以舒适自然的姿势站好。
3. 解释下述规则。

- 放松身体，双脚自然打开，肩膀和双臂呈放松状态。
- 慢慢地举起双臂，并向天花板延伸直至踮起脚尖。
- 慢慢地放低双臂，直至身体回到放松的站立位置。
- 重复上述动作 4 次。

活动变化：

1. 在休息 1 分钟后再次开始本项活动。
2. 将双臂伸展至天花板后，可以指导参与者慢慢弯腰，让双手触碰脚尖。

提示：

1. 组织者需要调整自己的声音，以保证声音听起来放松而轻柔。
2. 轻音乐有助于大家放松。

释放压力

目的：结束活动；会议开始节目；引入话题；平静一下（放松）
小组人数：1～20人
体力活动等级：中
估计时间：4～8分钟
道具：向每位参与者发放3张颜色鲜艳的树叶形纸张

在本项活动中，参与者通过列出各自的压力并说出解决方式来达到减压的目的。本项活动可以在提出对参与者来说有压力的问题的项目结束阶段进行，也可以在开展一项有关压力的项目之前进行。

> 春季和秋季都代表着一种崭新的开始。显然，春季为植物和树木带来了新的生机——绿色的树叶。而秋季，随着转凉的天气也带来了新能量，人们开始进行新的工作项目和学习活动。对大部分美国人来说，秋叶代表着新的开始。

说明：

1. 向每位参与者发放3张树叶形纸张。
2. 提醒参与者压力是我们生活的必要组成部分，而且压力本身是无可厚非的。但是，当压力已经对我们的身体、能量、能力或家庭及社会生活造成负面影响的时候，就应该重新审视这种压力的必要性，并思考如何减压了。
3. 让参与者想出3种为其生活带来负面影响的压力，分别将这3种压力写在树叶形纸上。
4. 向参与者说明，不论季节如何我们总有机会重新开始、改变生活方式，以减少压力对我们生活的负面影响。比如，秋季带来崭新的学习机会，冬季带来新一年的开始，而夏季则是人们进行反省和更新的时节。
5. 让参与者通过思考如何“翻开崭新的一页”来降低压力。指导参与者一次将3张写有各自压力的树叶形纸张翻过来，在每张的背面写出至少3种降低压力的方法。
6. 参与者完成上述步骤后，就是释放压力的时间了。鼓励参与者每天阅读各自的3张树叶形纸张——先看写有压力的那面，再看应对方法的那面——以帮助参与者降低生活的压力。

活动变化：

1. 让参与者与同伴进行分享。
2. 可以指定参与者手中 3 种树叶形纸张的压力类型，比如一张写工作压力，一张写家庭压力，一张写个人压力。

提示：

当参与者在书写“翻开崭新的一页”时，播放一些平和轻柔的音乐。

备注：

“释放压力”活动列表

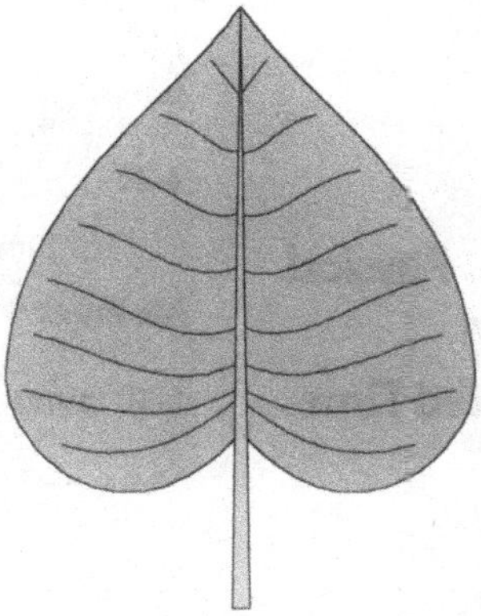

旁观者清

目的：更了解你；平静一下（放松）；引入话题；户外活动
小组人数：4～20 人
体力活动等级：中
估计时间：2～10 分钟
道具：无

在本项活动中，参与者有机会欣赏窗外的美景，由此强化这样的观点，即价值评判标准的多样性。只要活动场地有向外开启的窗户，就可以开展本项活动。

> “智慧可以明辨；美丽使人愉悦。”（约翰·戴维斯爵士，《乐团》）
> “各花入各眼。”（莎士比亚，《爱的徒劳》）
> “美能创造永恒的幸福。”（约翰·济慈，《恩底弥翁》）
> 多么美好的诗句！

说明：

1. 让参与者起立，面向或靠近窗户。
2. 指导参与者望向窗外，欣赏窗外的美景。
3. 让参与者分享各自看到的美丽景色，并说明为何会觉得这个景色特别美丽。
4. 让参与者说明各自看到的美丽景色，并解释如下要点。

- 美景并非孤立存在，有时一个景色美丽与否还与观赏者当时的情景、记忆及经历有关。
- 具有发掘美好的眼光非常重要，尤其当某些景色不是非常明显的时候。
- 有些美景是暂时性或季节性的。

活动变化：

1. 如果活动场地没有向外的窗户，可以指导参与者想象一些美景并对其予以描述。

2. 如果会议的时间很长，可以在会议进行过程中多次进行本项活动——第一次可以让参与者观察窗外的景色，第二次可以观察室内的事物，第三次可以搜寻记忆中的美景。

提示：

可以由组织者先行说出一个当日观察到的美景并予以描述。

保养维护

目的：热身活动；平静一下（放松）；结束活动

小组人数：2 ~ 40 人

体力活动等级：高

估计时间：6 ~ 10 分钟

道具：轻松的音乐；向每位参与者发放一张索引卡

大多数人都会定期维修自己的车，却忽略了定期调适自己的身心。在一个主题严肃的会议中途开展本项活动可以达到调剂放松的目的，而在一个快节奏的会议结束阶段开展本项活动可以达到减压的目的。

> 大约 8 年前，我得到了一个沉重的人生教训。我的沃尔沃汽车引擎因为燃油耗尽而中途失灵。在花了 1 500 美元修理之后，我得以重新启动继续赶路。自此之后，我会定期对汽车进行保养和维护。毕竟，汽车是生活的必需品。

说明：

1. 提醒参与者，大多数汽车保养和维护得比车主本人还好。那些真心喜爱汽车的车主会定期对汽车进行养护并有意延长其使用寿命——大家却很少以这样的心情相互对待或呵护自己。

2. 向参与者提问他们是否经常对自己的汽车进行养护，如果回答是肯定的，让参与者描述具体情况。

3. 向参与者说明，大家在本项活动中会有机会对自身进行略微地调适和保养。

4. 让各组以举例说明的方式讲述为汽车更换引擎、电池充电及更换燃油的动作。这些动作包括：十次下蹲、闭眼深呼吸、或抬起双脚并放松肌肉。

5. 向每位参与者发放索引卡。

6. 让每位参与者写出 5 ~ 10 种自我调节的方法，其中要有 3 种能够在接下来的 5 分钟内在活动场地里进行。

7. 当参与者书写完毕，播放轻松的音乐，让参与者通过完成一种或多种各自所写的动作达到调节放松。

8. 5分钟后，结束本项活动，并提醒参与者随身携带各自所填的列表，经常进行调节放松锻炼。

活动变化：

1. 在正式开始本项活动前，让参与者相互之间分享各自的调节方法。

2. 先由组织者带领参与者集体进行某种调节放松的运动，再让参与者在5分钟内自行调节放松。

提示：

1. 让参与者自行安排活动内容。

2. 参与者在进行自我调节放松的同时组织者也可以进行自己特有的调节放松运动。

备注：